ピューリタン

近代化の精神構造

Hideo Ohki
大木英夫［著］

聖学院大学出版会

新版の序

一九四五年の夏の出来事、その時間の上を通ってきた。当時十六歳のわたしの問いは、その出来事は一体何ごとかということであった。その出来事は、ただ単に個人的な経験ではなく、日本史の未曾有のもの、さらに世界史との深い関わり、実存史と日本史と世界史とがそこで結び合っていた。その結び目をどう解くか、そういう課題をいだき続けた。チューリヒ大学総長をした有名な神学者エーミル・ブルンナー博士に――当時新設の国際基督教大学にきていた、わたしはブルンナーの助手として学生指導に当たっていた――自分の中にわだかまる問題をぶつけた。なぜ戦後日本はデモクラシーか。なぜプロテスタント・キリスト教か。ブルンナーは、わたしにアメリカに行きニューヨークのユニオン神学大学院のラインホールド・ニーバーのもとで学ぶことを勧めた。そこに留学した。ブルンナーも若い頃やはりユニオンに来て、そこでピルグリム・ファザーズの小著を書いた。彼はチューリヒの宗教改革（ツウィングリとブリンガー）からデモクラシーを解明した。わたしはその書の現物をユニオンの図書館の中で発見した。その図書館には、有名なマカルビン・コレクションというピューリタン・アーカイヴズがあった。ユニオンのとなりコロンビア大学の教授ウィリアム・ハーラーはそれを用いて、かの有名な二つの書（*The Rise of Puritanism* と *Liberty and Reformation in Puritan Revolution*）を書いた。わたしは、そのケイジの中にこもって、ブルンナーにぶつけた問いの答えを見いだす喜びを感じた。ラインホールド・ニーバーの指導のもとで、Ethics in the 17th Cenury English Puritanism という博士論文を書いた。その日本版が『ピューリタニズムの倫理思想』である。

敗戦後――戦争中わたしがどこにいたかは奥付の著者略歴を参照していただきたい――あまりにも大きなショックに前後不覚というべきか、戦後になって西田幾多郎や田辺元を読んだ。西田の『日本文化の問題』とか田辺元の『種の論理』とか、しかしそれらをもって何らの解決もなかった。敗戦時の東久邇内閣の顧問をした賀川豊彦の唱道する「一億総懺悔」を軍国少年らしく真摯に受け止め、キリスト教に向かって行った。みずからの実存の問題は世界史の動向や日本の運命などと不可分に絡まって一つの総合的課題となった。そして使徒パウロからアウグスティヌスへいわゆる「回心」者の系列に沿って、その取り組みは「歴史哲学」というのではなく、むしろアウグスティヌスの『告白』や『神の国』に前例をもつような「歴史神学」となって行った。このような問題関心が、この小著『ピューリタン――近代化の精神構造』にも出ている。

この小著を書いたのは、「終末論的考察」を中央公論に書いたことがきっかけであった。これは後に他の幾つかの論文と合わせ『終末論的考察』という論文集となって中央公論社から出た。いわゆる「終末論ブーム」なるものが起こった。同社の企画で一九六八年中公新書のひとつとして本書執筆の要請があった。当時わたしはまだ四十歳にならない頃であったが、きわめて短期間に書き上げたものであった。

戦後日本の問題はつきつめれば「近代化」の問題と言ってよいのではないか。近頃またもや「種の論理」のまがいものが教育基本法改訂の議論に散聞されるが、どこに向かって行くのか、今や日本は歴史的カーヴにさしかかったと思われる。下手に加速して一九四五年の大変な国家的「脱線事故」のような災害を起こしてはならないのではないか。この小著は、かえって今日の状況において読まれる方が意味あることではないかと思う。本書は、あの国家的惨状をこの目で見た者の思想的証言という性格を片々あらわしているからである。

この新版を出す計画は、出版元の経営主体の変更がきっかけとなった。このようなことも日本社会の変動を示す一例かも知れない。いろいろなところからの要望に応えて新版を出すことになった。中公新書第十六版のとき誤植など訂正をしたが、この新版に際しては、聖学院大学総合研究所の松谷好明助教授に全体に目を通していただき、必要な訂正や注記、そして巻末に解説を書いて頂いた。また「千夜千冊」という有名なインターネット書評欄にとり上げてくださった松岡正剛氏の解説をも転載させて頂いた。松谷氏と松岡氏に感謝を申し上げたい。

二〇〇六年六月一日

大木英夫

初版のはしがき

アメリカの上院議員フルブライト氏の近著『権力のたかぶり』の最後に、「二つのアメリカ」という章がある。そこでヒューマニズムとピューリタニズムが論じられ、ヒューマニズムはアメリカの好ましい反面、ピューリタニズムはその悪しき反面のように言われている。アメリカの自己絶対化的使命観は、ピューリタニズムに由来し、それがアメリカの外交政策を誤らせると批判されている。この書は傾聴すべき多くの点を含んでいるが、彼のピューリタニズム理解のゆがみは、逆にアメリカ外交政策の批判の視点を、かたよったものにする危険性をはらんでいる。それはアメリカ国内の世論を不当に分裂させる結果をもたらすだろう。

日本の知識人の間にもそういうピューリタニズム理解がひろがり、アメリカ批判の常套語と化している。ゆがんだ批判は国際関係を健全なものになしえない。

アメリカの欠点は、たえず未来に目を向けるという長所の反面で、自己の精神的伝統を歴史的に検討し、継承して発展させることをあまりしないことにある。フルブライト氏のピューリタン観は、さきごろ農相の地位から失脚した倉石忠雄氏の親鸞理解のたぐいといわねばならない。

本書ではこのようなピューリタン観を是正し、ピューリタニズムを世界史の動きとのかみあいで理解する道を開こうと努めた。最近、アメリカの若い政治思想史学者マイケル・ウォルザーがピューリタン革命を取り扱った『聖徒の革命』で、ピューリタニズムを「近代化のイデオロギー」として解釈したが、わたしの見方も期せずしてそれに非常に近いもので、本書でも、ピューリタンを近代化のにない手としてえがいた。ウォルザーの書は、アメリカの若い学者の間にも、フルブライト的ピューリタン観を矯正することになるような、新しいピューリタン研究がひろまりつつあることを示すものであり、この傾向は喜ぶべきである。

本書を書くにあたって、わたしは心の中に明暗二つの思いがたえず交錯するのをおぼえた。一つは近代化の動きの不可逆な進行ということである。これは世界史の深みにおける必然性といえるのではなかろうか。つまり、近代化の必然性の感覚である。フランス革命もロシア革命も、結局は近代化のこの過程の激烈な（それぞれの歴史状況やそれをとらえる思想のゆえに）推進ではなかろうか。近代化の原動力と方向づけは、ピューリタニズムの中に見出されたように思われるのである。

もう一つは、不安な思いである。それはピューリタン革命の最後的挫折を考えざるをえなかったからである。近代とは常に「インターレグナム」（国王支配と次の国王支配の中間時代）に終わる可能性におびやかされているからである。必然性としての近代化の線は、戦後二十年の日本史の中にはっきり現われてきた。しかし、戦後の日本近代社会が、「インターレグナム」にはたして終わらないだろうか。いかなる形のものであれ新しい王の支配によって、それは終わらしめられないだろうか。つまり、近代化の挫折の可能性である。

近代化を単に工業化として捉えるだけでは十分でない。この問題については本文を読んでいただくとして、ここで誤解をさけるために、一つ二つ明らかにしておくべきことをのべておきたい。一つは、本書では意図的に「近代」と「現代」を区別しなかったということである。英語ではどちらも「モダン」である。もう一つは、この書は思想的なピューリタン運動の歴史だということである。しかもピューリタンの思想の思想史ではなく、ピューリタン運動の思想史だということである。だから事実の選択も限られたものであるが、普通の世界史の教科書や参考書には、あまり出てこないような事実を取りあげたので、ピューリタン運動の事実史に興味のある人は、副読本として読んでいただきたく思う。思想史に関心のある人で、もっとピューリタン思想について知りたいという読者は、拙著『ピューリタニズムの倫理思想』（新教出版社）を参照していただければ幸いである。　一九六八年三月

再版のはしがき

本書が出版されたのは一九六八年春のことである。その年の十一月二日、京都において「ピューリタニズムをめぐる研究会」がひらかれ、そこで本書がとりあげられ、滋賀大学の永岡薫氏、東京女子大学

の今井宏氏、当時東京教育大学の浜林正夫氏（現在は一橋大学）、京都大学の越智武臣氏の書評的報告がまずなされたあと、立教大学の松浦高嶺氏の司会で、そこに集ったこの分野の研究者十七氏の共同討議に付された。この会では、この中公新書だけでなく、わたしの前著『ピューリタニズムの倫理思想』（新教出版社、一九六六年初版、六九年再版）をもあわせとりあげられた。わたしとしては、わが国におけるこの分野の第一線の研究者によって、拙著を真剣に検討していただいたことを、心から感謝したく思う。

松浦氏は、筆者のピューリタニズム理解を「大木ピューリタニズム」と名づけられ――これは筆者にとっては汗顔のいたりであるが――、そしてこの会の司会者として、本書における筆者の立場を適切に二点においてとらえ、この研究会を導かれたようである。第一に、「本著はたんなるピューリタン論にとどまらず、『近代化』『近代』『市民革命』『民主主義』などの諸概念をつらぬく一定の総合理解を前提としており、したがってこのピューリタン論に対する評価も批判も、それらの諸概念の把握の仕方に対する評価ないしは批判に立脚してのみ、なされねばならない。本日の討論の主題はかくて不可避的に、『ピューリタニズム』から『イギリス近代化』あるいは『西欧近代』に拡大されてゆくであろう」。第二に、「本著はピューリタンによるピューリタニズム自己理解の書であり、これに対する本日の出席者の大半は、ノン・ピューリタンの外からのピューリタニズム理解を志して来られた人たちといってよかろう。その意味では、ここにピューリタンとノン・ピューリタンの対話の機会が与えられたとみることができるのである」。――この司会者の発言は、本書の読者にとっても適当な手引きとなると思うので、引用させていただいた。

わたしはこの会に出席しなかったが、この会の内容について聞かされ、そして返答の一文をしたためることを求められた。そうしてその会の記録とともに、それは『イギリス史研究』（イギリス史研究刊行会、No.4, Jan. 1969）に掲載されている。上記四氏のそれぞれの立場からの批判的報告はなかなか興味ぶかいもので、読者の中には関心をもっておられる方々もあろうかと思うが、それらをここに転載することは、あまりに多くのページをとることになるので不可能である。

最近出版された『近代イギリス史の再検討』（御茶の水書房、一九七二年）の中で、越智武臣氏は、「近代化問題とイギリス史研究」という題の一文（元来は一九七一年十一月十四日東京大学史学会における報告）を書いておられる。そこで越智氏は、ヴェーバーとトーニーのあいだでは、近代化と宗教との関係についての見方がちょうど逆になっているということを指摘されながら論じておられる。越智氏の関心はトーニーの方向である。わたし自身も、『ピューリタニズムの倫理思想』においてこの対立に注目しながら近代化と宗教との関係の問題を考えてきたのであるが、結果としてはヴェーバーの見方に接近している。それが本書の中にも反映しているわけである。このような見方をとるのは、越智氏が指摘しておられるような、たとえばバクスターについての資料不十分さがヴェーバーにはある、ということだけであろうか。わたしは問題意識の質の差が、もっと大きく作用して、両者の見方を異ならしめているように思う。そこで問題は、ピューリタン宗教をその内実と深みに即してどう理解するかということにあるのではなかろうか。

松浦氏は、わたしのピューリタン研究を、「ピューリタンによるピューリタニズム自己理解」と称されたが、わたしはその宗教的伝統の中にある者が常に正しくその伝統の過去を認識できるとは思わないけれども、人間と同様歴史は深みの次元をもつものであるゆえ、そしてその深みにまでふれることを歴史認識が回避できないならば、その宗教伝統をもっと内実的にとらえてみる必要があるのではないかと思う。少なくともそういった感受性をもった探求心が大切だと思う。その点で英国人トーニーと比して、ドイツ人ヴェーバーのほうが依然としてわたしの興味をひくのである。しかし本書は、越智氏のいわれる「近代化問題」に対するひとつの見方を、ピューリタニズムの理解をとおして試みたものである。しかもとくにデモクラシーの問題にふれたもので、ヴェーバーのような経済史的なレベルのものではない。しかも大学紛争後、わが国でなおこの問題を熟慮にあたいする重要なものと考えられる方々に、ひとつの見解として参考にしていただければ、幸いである。

一九七二年七月二十七日（渡欧の前日）

目　次

目　次

序章　近代化とピューリタニズム

西洋と日本の近代化

世界史における日本

戦前英国の大使館員として日本に三十年近くも滞在した外交官、歴史家ジョージ・サンソム卿は、戦後、一九五〇年十二月のことであるが、東京大学に招かれ、そこで『世界史における日本』と題した五つの講演を行なった。(これは岩波新書で出版されている。)その講義の第四回目「日本史と西欧民主主義の伝統」で、彼は暗示に富む日本と英国との比較論を展開した。わたしはそこから二つの問題点をとりあげ、本書の叙述のいとぐちにしたいと思う。

まず第一に、近代世界が、ヨーロッパでは一六〇〇年ころから始まると言ったことである。一六〇〇年ころ、つまり十七世紀初頭は、英国においては、四十五年の長きに及んだエリザベス一世の治政がようやく終わり、ジェームズ一世がその後継者となるという転換期、日本においては、秀吉による天下統一から家康による江戸幕府創設に至るこれまた大きな転換期である。一六〇三年にジェームズ一世は即位したが、その年家康は以後二五〇年に及ぶ安定した徳川政権の基礎を固めた。

サンソムによれば、英国十七世紀は近代世界の出発であるが、日本は鎖国の開始である。それまではだいたい似た発展の道をたどってきたが、ここで大きな分岐が起こる。サンソムは「徳川政権の歴史は、この近代の影響が日本に及ぶのに抵抗した歴史であった」と評した。このような見方は和辻哲郎の『鎖国──日本の悲劇』（筑摩書房、一九五〇年）にも出てくる。ところで鎖国によって日本は近代の影響を防ぐことができたかというと、決してそうではない。その政策は失敗に終わり、実際には近代化を二五〇年おくらせるだけであった。サンソムは、この一六〇〇年ころから、日本の政治的発展の道と西欧のそれとが分岐してくるのを見出し、「ここにはなはだ興味ある歴史上の問題がある」と言うのである。

この「はなはだ興味ある歴史上の問題」を解決しようとする試み、それが本書におけるわれわれの課題である。

サンソムは、この問題をさらに限定して、次のように問うている。

このように日本と西ヨーロッパの道が岐れたのはなぜであったか。日本の伝統には、あるいは日本の政治思想には、今言ったヨーロッパ諸国に存在したいかなる要素が欠けていたのか。

この問いに対しサンソムは答える。

最も重要な相違は何かというと、私に見分けられるところでは、それは自由主義的伝統の主たる要素、すなわち個人の尊重が存在しないことであります。

彼はさらに、この「個人の尊重」のもっと根底に、ある「宗教的要素」が存在しているとみる。彼の論理をたどっていくと、結局、この「宗教的要素」が作用して、あのような大きな歴史の分岐を生み出し、それが「君主専制政治への反抗」の源泉となったということになる。日本にはそれが十七世紀の段階で、いなそれ以後にも、欠如していたため、絶対主義的君主専制政治は克服されないまま残存したと判断されてくるのである。イギリスの哲学者バートランド・ラッセルも『西洋哲学史』（みすず書房、一九六一年）の中で、第二次大戦に至るまで日本には絶対主義的君主専制政治が残存したことを指摘し、「ステュアート王朝期のイングランドは、この段階を通り過ごしてしまったのだが、近代日本はまだそれを通過しきっていない」とのべた。

ところでサンソムが言う「宗教的要素」とは何だろうか。これが第二の問題点である。彼は次のように言う。

この宗教的要素というのは、清教主義《ピューリタニズム》の要素であって、これはエリザベス時代に力を示し始め、一六四九年における王政の顛覆にひきつづく清教徒共和国《ピューリタン・コモンウェルス》をもって絶頂に達したのであります。

ピューリタニズムとは、歴史的には、エリザベス一世即位後の英国に発生し、ジェームズ一世、チャールズ一世とつづく約一〇〇年間に大きな発展をとげ、一六四九年にはチャールズ一世を処刑し、サンソムの言う「ピューリタン・コモンウェルス」を建設するような宗教運動である。サンソムはこのピューリタニズムが英国の近代化に大きな影響を及ぼしたと見ている。つまり「はなはだ興味ある歴史上の問題」は、ピューリタニズムの究明によって解決されるのである。

近代世界の開始

サンソムの見方は、よく考えてみると、われわれの常識に対してきわめて挑戦的な内容をもっている。まず第一点の、近代世界の開始を一六〇〇年ころにあるという見方、これは日本の高校や大学で歴史を学んだ者にはただちに受け容れがたい判断だろう。第二は近代世界の形成に「宗教的要素」を重視していることであるが、これも一般にはなじめない見方である。元来が講演だから聞き流してしまうということも可能だろう。しかしこういう見方がサンソムひとりの独断ではなく、近代世界の形成の問題に重厚な学術的考察を企てたエルンスト・トレルチやマックス・ヴェーバーのような有名な学者にも見出されるものであることを知るならば、簡単には無視できない。

第一の点は近代世界の開始の年代史的問題である。もちろん時代区分のような大きな年代史的問題は、歴史の見方に深く関係しているので、客観的に確定することはできない。しかし近代世界の開始を十七世紀にみるというのは、われわれ日本で西洋史の一般的見方を教えられた者にとっては、ひとつのチャレンジである。というのは、われわれは近代世界とは十五世紀のイタリア・ルネサンスにはじまるという見方の中に育てられてきたからである。この見方は最初ブルクハルト[*]によって確立され、広く世界に受けいれられて、日本の高校や大学の西洋史教育をも規定してきた。ところがここでサンソムは十七世紀からという。二〇〇〇年もちがうわけである。

十九世紀末から二十世紀初頭に活躍したドイツの神学者・哲学者・思想史家エルンスト・トレルチは、ブルクハルト的近代史の見方に対するアンチテーゼを打ち出した。その主張を含んだ主要諸論文は、内田芳明氏の訳で出版され（『ルネサンスと宗教改革』岩波文庫、一九五九年）、今日われわれが容易に読めるようになったのは幸いである。本書におけるトレルチの主張をかいつまんで言えば、ルネサンスよりも宗教改革の方が近代世界の形成に決定的な役割を果たしたということである。ルネサンスはたしかにカトリック教会内で繁栄することができたのであり、教会に対する批判や反撥にもかかわらず、結局は中世カトリック体制の中に吸収される性質のものであった。そしてそのようなものである限り中世カトリック教会の教皇支配体制を克服する勢力たりえなかったというのである。

＊スイスの歴史家・美術史家。著書に『イタリア・ルネサンスの文化』（中央公論新社）などがある。

トレルチには、近代世界の形成の問題を取り扱ったもうひとつの重要な論文がある。これも幸い西村貞二氏によって訳され、新教出版社から『プロテスタンティズムと近代世界』という題で出版されている（新教新書、一九六二年）。原題は『近代世界の成立にたいするプロテスタンティズムの意義』である。ここでトレルチは、十六世紀の宗教改革（彼はこれを古プロテスタンティズムとよぶ）さえまだまだ中世的であって、真の近代世界の形成は、十七世紀のピューリタニズムに至ってのことであるという見方を提示した（本書三九ページ参照）。この点で彼はサンソムと合致している。

これは近代世界をどう見るかということと密接に結びついている判断である。トレルチは中世世界の特質をコルプス・クリスチアーヌム（ラテン語でキリスト教社会）としてとらえ、そしてそれの解体や克服の過程に目を向ける。だからルターやカルヴァンの宗教改革でも、それは変形《リフォーム》されたにせよ、克服されていないゆえに、まだ中世的だということになるのである。この点については次にあらためて考察することにする。

近代化は非宗教化か

第二の点は「宗教的要素」の問題であるが、そもそも「宗教的要素」が近代世界の形成に重要な役割をもったという見方は、日本の近代的知性には「つまずき」である。〈近代化〉の精神史的性格は〈非宗教化〉つまり宗教的なものからの離脱あるいは人間精神の神からの独立であるという見方は今日でも支配的である。このような見方の背後には、人類の精神史の発展を、「神学の時代」「形而上学の時代」「科学的実証主義の時代」と区分したオーギュスト・コント*が立っている。日本では神学をやっているということで、この二十世紀のまっただなかにあって、古い神話的な思惟からまだ抜け出せないでいる人間のように、あるいは逆にサイエンス・フィクションのような空想や幻想の世界にさまよっている人間のように思われて、説明に苦しむことがあるが、とにかく日本におけるコント流の見方の支配は決定的なものである。そういう中でサンソムのような見方は容易に受けいれられないであろう。

〈近代化〉イコール〈非宗教化〉という見方は、ルネサンスから近代世界の開始をみる見方と結合している。わが国におけるこの見方の古典的表現である坂口昂《たかし》の『概観世界史潮』（岩波書店、改版一九五〇年）の言葉をかりて言えば、「古典《クラシクス》を標準として中世を打破し、現代を創造する」ということになる。近代世界の本質は、中世のキリスト教的文化支配の下にとりこめられたギリシア古典をとり戻してくること、つまりヘレニズムの復興として理解されてくる。だからそれはキリスト教からの離脱であり、人間の自然性の回復となる。しかしこの見方は今日承認されるだろうか。ラインホールド・ニーバー**は、近代思想の特徴的概念である「進歩」の概念が、決してヘレニズム的ではなく、聖書的思想の世俗化され

＊フランスの哲学者。『実証哲学講義』などの著書がある。
＊＊アメリカの神学者。『アメリカ史のアイロニー』（聖学院大学出版会）、『光の子と闇の子』（同）、『道徳的人間と非道徳的社会』（白水社）ほか邦訳がある。

たものであることを鋭く分析したが、これは、キリスト教からの離脱とヘレニズムへの復帰という図式では、近代思想の真の姿が十分とらえられないという一例になるだろう。

そもそもピューリタニズムの本質は非ルネサンス的である。英国におけるルネサンスの系統は、ピューリタニズムの敵、アングリカニズムが継承した。それがエリザベス時代の英国ルネサンスを形造るわけである。もしルネサンスがヘレニズム復興であるならば、ピューリタニズムはヘブライズム復興と言わねばならない。近代世界はたしかに中世カトリシズムからの脱却であるが、それはヘレニズムの性格を帯びた社会変化の方向を意味するだろうか。それとも、ヘブライズムの性格をもった社会変化の動きなのだろうか。ピューリタニズムによって近代世界の動向を見た場合、それはかえって聖書的な性格をもった世界構造への変化をあらわすのである。近代世界の方向は、その間に幾多の紆余曲折があったにもかかわらず、聖書的思想からの離脱ではなく、かえって聖書的思想への接近を示しているのである。

ヴェーバーの役割

この主張は今日の日本の知的世界ではまだ異様にひびくだろう。しかし近代化がキリスト教からの離脱ではなく、かえってキリスト教が独特な仕方で関わりをもつという見方は、最近大きく理解されはじめた。それはマックス・ヴェーバーがわが国の学界で大きな位置を占めるようになってきたことと関係がある。ヴェーバーの有名な論文『プロテスタンティズムの倫理と資本主義の精神』（大塚久雄訳、岩波書店、一九八八年）は、今日の大学生や知識人には必読の書になった。こんなことは英国やアメリカはもとより、ヴェーバーの国ドイツでもないことである。トレルチとヴェーバーは、ハイデルベルク大学での同僚であり親友の間柄である。前にあげたトレルチの『近代世界の成立にたいするプロテスタンティズムの意義』は、ヴェーバーが病気のためその代りに行なった歴史家大会での講演である。この二人のドイツ人学者が近代史の新しい見方のために与えた貢献は大きい。

ヴェーバーのこの論文はとくに重要である。内容の紹介は、大塚久雄教授の『宗教改革と近代社会』（みすず書房、一九四八年）に詳しいから、ここでは省略するが、われわれの関心からみて興味深いことは、ヴェーバーが近代資本主義の発生という経済史的な問題を、社会の宗教的深層の究明から解決しようとしたことである。そして彼は近代資本主義の成立の根底にピューリタニズムが作用していることを発見したのである。ここでもピューリタニズムが近代社会の経済的側面の発展との関係でとり出され、脚光をあびている。この論文が日本の知的世界に受け容れられてきたことによって、近代世界の形成に関する「宗教的要素」の意義に対する感受性は高まったのである。

ところで、「宗教的要素」を無視できないとしても、それはどのような関わりをもっているのだろうか。〈近代化〉イコール〈非宗教化〉というドグマが解消されたあとで、それでは、近代化はどのような〈宗教的形成〉なのだろうか。ヴェーバーはわれわれの目を歴史現象の宗教的深層へと導いた。しかし彼は依然として経済史的な関心に自己を限定していた。われわれはその宗教的深層をもう少しひろく見わたし、またそれを経済的な関連のみに限定せず、生の諸領域との関連において理解するように努めたいと思う。そうすれば近代世界の宗教的形成のすがたがよりよく見えてくるであろうと思う。

ライシャワーの近代化論

前述したようにサンソムは、宗教的要素の有無が近代世界における絶対主義の克服に深く関係しているとのべているが、彼は決して英国をモデルとして日本を批判したのではなく、両者の相違とその相違を生みだす根本的なものを明らかにしようとしたのである。われわれはこの相違が日本の近代化にとってどういう意味をもつかを、ただ単に比較という客観的な関心からだけでなく、もっと主体的実践的な課題として取り組むべき立場におかれている。しかしそれを英国とか日本とかいうナショナルな問題に束縛されて考えるのではなく、全世界が巻き込まれている近代化という世界史的過程の問題として考えてみなければならないと思う。

サンソムは外交官で歴史家だったが、前アメリカ大使エドウィン・ライシャワーも同様である。しかしライシャワーは、われわれが日本の近代化の問題を考える姿勢や雰囲気とは全然ちがった、それと対極的な「日本近代の新しい見方」を提起した。

戦後われわれは「封建的なもの」といえば、「克服さるべきもの」として考えてきた。ところがライシャワーは逆に、「封建的なもの」に日本近代化の母胎を見出す。そして日本近代化は開発途上国のモデルとして積極的に評価されてくるのである。そこにはサンソムにみられるような問題意識、それからさきに引用したラッセルにも出ていた批判的視点はまったく欠落している。ライシャワーの発言の中には、日本の戦争や敗戦の事実に含まれている問題を意図的に避ける気配がある。そして彼の来日直後の談話がよく示しているように、戦後のデモクラシーを明治維新以後の近代日本の文化的遺産の上に据えなおそうとするのである。これはふつうの外交官ではできない、日本をよく知った歴史家ライシャワーにしてはじめてなし得る日本に対する深い取り扱いである。そこには二つのことが含まれている。

まず第一に、よかれあしかれ外来の理念であるデモクラシー、とくに敗戦のゆえに日本が受容したデモクラシーを、明治百年と結びつけることによって、デモクラシーをとり巻く社会的不安定の諸要素をとりのぞこうとした。第二に、日本の近代化を外的な規範によって否定的にさばくことをせず、かえって偉大な成功として肯定し、共産主義中国に対する対抗者としてアジア・アフリカの開発途上国のモデルにまで仕立てあげようとした。こうして「明治百年」の意義は昂揚されてきたのである。明治維新から戦争までの日本は、それまで否定的な眼で見られていたが、彼は「明治百年」をそういった否定的な眼の包囲から救い出したのである。

ライシャワーの見方の問題性は、日本人が戦争によって受けた苦しみと反省によって見出した問題意識を十分に理解せずに、工業化をなしとげ世界の大国となった日本を、アメリカの世界政策の視点から肯定し、ひき立たせ、国際的役割を果たさせようとするという、あまりに外交的な発想で日本を取り扱ったことにある。それはひとりの歴史家として教室で発言するだけであれば問題はない。しかしアメリカ大使としての国家的権力を帯びてそれをしたことに問題がある。「明治百年」の祝賀が親米基調をくずさずに祝われることは、ライシャワーの大きな外交的功績であろう。しかしライシャワーはサンソムが歴史家の視点からはっきり指摘したような問題を解決することはできない。むしろこの問題を回避していく道へと日本を促した。彼が、日本のデモクラシーは日本の歴史の中に基礎をもつということを、どれほど学者としての良心に背かず断定するかは知らないが、国内にあってこの精神的な深層の問題に取り組む者たちにとっては、ライシャワーの近代化論は、あのヴェーバーが見たような深層にまったく目のとどかない表層的な理論であり、その深層にある問題を単に隠蔽するだけだという印象を禁じ得ないであろう。

たしかに日本の戦後にこれほど急速にデモクラシーが普及したのは、そこに、ある社会的条件がそなわっていたからだと言わざるを得ないし、その限りではライシャワーの見方にも真理の要素がないわけではない。しかし敗戦なしに日本は内発的にデモクラシーを生み出しただろうか。ライシャワーが指摘する自由民権運動も、外来の理念に促されたものであることは否定できない。夏目漱石が「西洋の開化は内発的であって、日本の開化は外発的である」と言ったことは、デモクラシーについても、不幸なことだが、妥当する。したがって、デモクラシー憲法（日本国憲法）を「押しつけ憲法」とする声も消えない。

重要なことは、ライシャワーのように日本の真に重要な問題を隠蔽することではなく、それをわれわれの問題として知恵をつくして解決すべく努力することなのである。その点では、ライシャワーよりサンソムの見方がわれわれにとって有益である。
わたくしはサンソムの比較論を手がかりとして〈近代化〉とピューリタニズムの問題を考えてみようと思うのだが、それが何らかの意味で、現代日本のかかえている問題の理解と解決に役立てば、と願っている。

中世から近代への世界構造の変化

トレルチの見方

近代化という概念はひじょうにあいまいな概念である。ヨーロッパやアメリカでは、今日、近代化という概念は学者たちや一般の読者たちの興味をひかない。これは今日ばくぜんと〈近代化〉とよばれている社会変化にみまわれている国々、アジア・アフリカ諸国での関心をあらわす概念である。近代化という概念で、ある人は〈工業化〉を考え、ある人は〈民主化〉を考え、ある人は〈西欧化〉を考え、ある人は〈合理化〉を考える。それらの用い方をあまねく蒐集してきて、共通の概念規定をつくり出すことも必要だろうが、ここではこの書で用いる限りでの〈近代化〉の意味を確定するだけにとどめたい。

われわれの〈近代化〉の概念は、トレルチの『近代世界の成立にたいするプロテスタンティズムの意義』に打ち出された見方を受けいれたものである。それはヨーロッパ中世に対応する近代世界の成立への社会変化をあらわす概念である。近代化という概念に含まれる「近代」は、世界史を古代・中世・近代に区分する三区分法を背景にしている（大島康正『時代区分の成立根拠』理想社、一九六七年参照）。つまり、「近代」とは「中世」に後続し、それに対立する新しい時代である。この中世はたしかにヨーロッパ中世である。近代化とは、ヨーロッパ中世から近代世界が分離し成立してくる過程をとらえた概念である。それゆえ、近代化とは、ヨーロッパ的な起源をもつ。しかしヨーロッパ中世という閉塞された世界を破って出現する世界であるゆえ、その動きはヨーロッパに限定されず、世界全体に波及し、世界的現象となる。したがって非ヨーロッパ諸国においてこの近代化なる社会変化を受けるとき、それは〈西欧化〉という性格を帯びるのは当然である（中山伊知郎『日本の近代化』講談社現代新書、一九六五年、参照）。

　したがって〈近代化〉を内容的に規定しようとすれば、あらかじめヨーロッパ中世が何かということを規定しておかねばならない。中世という大きな時代を総括的に把握することは一見不可能に思われるかも知れないが、古代・中世・近代という三時代の中で、中世はもっとも社会学的にまとまりをもった時代であることは明らかであり、他の時代とくらべはるかに全体として把握することは容易なのである。トレルチは、さきにものべたように、中世を〈コルプス・クリスチアーヌム〉という概念でとらえた。中世社会はひとつの普遍的な教会によって統轄された社会であり、コルプス・クリスチアーヌムは、そのキリスト教的に統合された社会を表現する概念だったのである。トレルチはその概念をとり出してきて、中世を全体的に把握する。

コルプス・クリスチアーヌムはふつう「キリスト教社会」と訳されるが、これは〈コルプス〉の感じを十分表わしていない。コルプスとは「からだ」であり「有機体」である。リチャード・H・トーニーが『宗教と資本主義の興隆』（岩波文庫、一九五六年）の中で、中世社会を「社会有機体《ソーシャル・オーガニズム》」という言葉で表現したが、この「社会有機体」という表現が、もっともよくコルプスの感じをあらわしている。〈コルプス・クリスチアーヌム〉は、「キリスト教的社会有機体」と言うのがいちばんよいと思う。

これを前提として、〈近代化〉の内容がはっきりしてくる。つまり近代化とは、「キリスト教的社会有機体」の分解の過程であり、それと対蹠的方向にむかっての新しい文化的発展・社会的変化の動きだと言うことができるであろう。しかしこの動きは単なる消極的な解体とか分解とかではなく、むしろ積極的な世界構造の変化なのである。そしてこの構造変化の勢いは、ヨーロッパを出発し、ちょうどチリ海岸の地震から起こった津波が太平洋をこえて三陸海岸を襲うように、世界史をこえて世界の各地を襲っているのである。これは津波のようには目に見えないが、近代世界の歴史を大局的に観察するならば、明白な連絡をもって大きな影響をあらわしている。日本の鎖国もそれを防ぎ得なかったが、たとえば現代のネパールの鎖国も、それを防ぐことはできないであろう。

構造変化の模型

中世から近代への「構造変化」を分かりやすくするため、ひとつの模型的説明を試みよう。

中世のキリスト教的社会有機体《コルプス・クリスチアーヌム》を、ひとつの巨大な岩塊になぞらえよう。キリスト教は最初ローマ帝

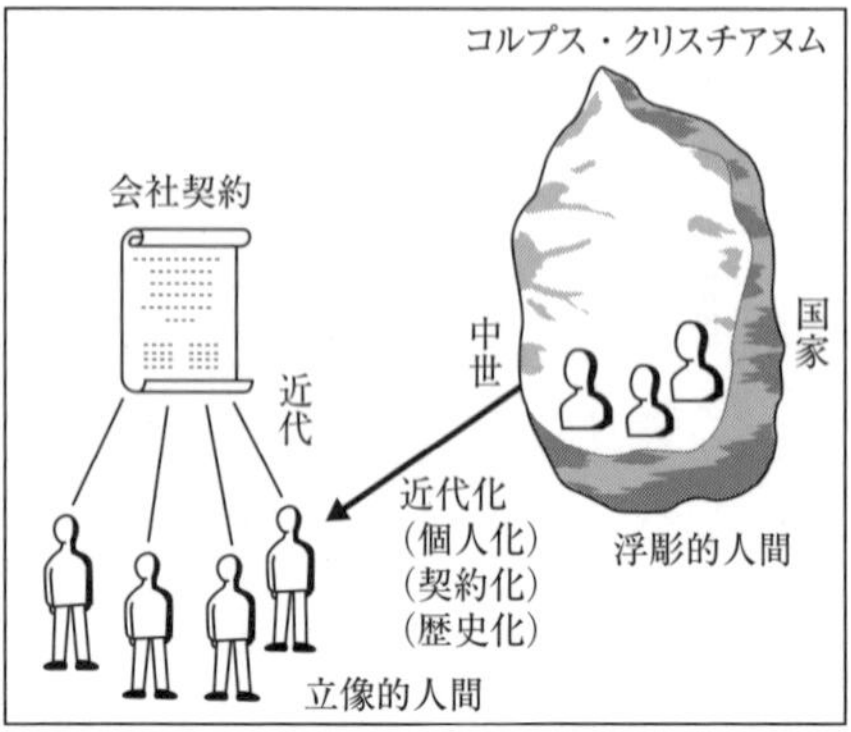

構造変化の模型

国の辺境パレスチナに発生した小さな宗教団体であったが、『君が代』の歌詞をかりれば、さざれ石がいわおとなるように、中世世界をキリスト教的文化総合の中に包摂した巨大な岩塊となった。これがコルプス・クリスチアーヌムの姿である。この社会を、教会と国家とが、楯の両面のように表裏一体となって包摂していた。教会と国家との間には、叙任権闘争のような性質の権力闘争が存在したが（堀米庸三『正統と異端』中公新書、一九六四年参照）、教会と国家が表裏一体となってキリスト教社会を維持する原則は破られなかった。

次に人間の問題であるが、この社会における人間は、ちょうど大きな岩塊にその顔が彫り込まれた浮彫のような状態で、たしかに個別的な人格はあるが、その背中は共通の岩に結び合わされているという、つまり連帯性《ソリダリティ》の中での個人であった。個人は、キリスト教的社会有機体の一分肢なのである。トマス・アクィナスは中世のキリスト教的文化総合の思想的大成者であるが、彼はアリストテレスの哲学をとりいれ、それをキリスト教神学の思惟構造とした。そのアリストテレスの言った「全体は個に優先する」という命題は、中世における社会全体と個人との関係をあらわすために最も適切な命題であった。コルプス・クリスチアーヌムとは、各個人に先行し、いわばアプリオリに存在する全体性である。個人はその中に生まれ、その中に死んでいく。こういう意味で中世は全体主義であった。

　さて、近代化とはこの岩塊が分解し、そこに表現された統合性とはまったく別の方向に向かっての解体、構造変化の動きなのである。

教会と国家

　まず第一に、憲法論《コンスティテューショナル》（基礎構造論）的に言うならば、コルプス・クリスチアーヌムを形造る教会と国家の結合が破れ、教会と国家の分離がおこるという社会変化である。したがってコルプス・クリスチアーヌムに対応する近代的対極は、〈教会と国家の分離〉である。だから〈教会と国家の分離〉という思想は、近代憲法を特徴づける最も近代的な原理と言わねばならないのである。なぜならこの原理が、まさしく、中世のキリスト教的社会有機体とは、基礎構造《コンスティテューション》（憲法）における根本的差違をあらわすからである。

　ちょっとわき道にそれるが、日本国憲法の第二十条の信教の自由の条項や第八十九条における宗教団体に対する公金使用の禁止の条項は、明治憲法にはなかった原理で、それがこの〈教会と国家の分離〉をあらわす条項なのである。日本における近代化の問題は、この条項の意義が十分に認められず、ふたたび靖国神社を国営化するような動きが出てくることである。こういう問題性はライシャワーの近代化論では見えてこないのではないか。ヨーロッパでまだ国教制度を残している諸国（イギリス、スペイン、ドイツ、スカンジナヴィア諸国など）は、この観点からみると近代化の不徹底ということになる。日本がこの変化にみまわれたのは第二次大戦後のことにすぎない。

個人化　第二に、社会との関係における人間の問題であるが、この大きな岩塊がくずれ、その岩に浮彫のように彫り込まれていた人間は、バラバラになり、立像のようにひとり立ちせざるを得なくなる。背後の連帯性《ソリダリティ》は失われてしまった。近代化の人間学的様相は、模型的に言うと、浮彫的人間から立像的人間へということであるが、抽象的に言うと、有機体の一分肢としての人間から、個的な人間へ、つまり〈個人化〉の過程だということになるであろう。

この社会変化の模型的抽象的な表現が、きわめて現実的なものであったことを、さきに問題になった一六〇〇年ころに実際生きていた人の言葉によってたしかめてみよう。

……そして新しい哲学はいっさいを疑う。火の元素はまったく消えうせてしまった。太陽も大地も失われ、何ぴとの知恵も、どこにそれを求むべきかを教えることはできない。そして人びとはこの世界は使い果たされてしまったと遠慮なく口に出し、星辰の間にまた大空に無数の新奇をたずねる。それからこれはまたもや粉々に砕かれ、原子にかえるのを見る。すべてはばらばらで、つながりはまったくなくなった。いっさいはまだ素材にすぎず関係にすぎない。

これは十六世紀から十七世紀の転換期に生きた英国のアングリカンの司祭、詩人*ジョン・ダンの詩の一部分である。これは中世社会の崩壊の感情をはっきり歌っている。ジョン・ダンや同時代人ロバート・バートン[**]はこの時代の懐疑や憂愁の気分をその詩や文章の中で伝えているが、中世世界の崩壊から人間がバラバラになり〈個人化〉していくとき、その人間を内的にしっかりと確立するものがなければ、実は立像として立ち上がる力もないのである。そこにメランコリーがおこるのである。だからこの世紀転換期における浮彫的人間から立像的人間への変化には、ある宗教的な確信がなければできないことなのである。この問題は第四章「革命的人間」の成立のところで考察することにしようと思う。

身分社会から契約社会へ

第三に社会の問題である。近代化の人間学的様相は〈個人化〉であると言ったが、この方向への変化は、アプリオリに存在する全体性としての社会を根底のないものにしていく。この社会変化の極限は、アリストテレス的な「全体は個に優先する」という原理の逆転に至ることである。個人は有機体的全体の部分ではなく、独立した存在である。そして社会はこの個人を基礎として契約によって編成されてくる。中世社会がアプリオリに存在する社会だったとすれば、近代社会とは個人の契約によってアポステリオリに形成される社会なのである。このような社会がいわゆる〈契約社会〉である。それは有機体的全体ではなく、契約的組織となる。近代化の人間学

＊『ジョン・ダン全詩集』（名古屋大学出版会、一九九六年）
＊＊『メランコリーの解剖』で知られたアングリカンの司祭で文学者。

的様相が〈個人化〉といわれるのに対し、その社会学的様相は〈契約化〉とよぶことができるだろう。近代社会における人間関係は契約化の傾向を不可避的にもつのである。

中世社会の特質は身分社会である。ということは階級対立の社会というのとはちがう。その背後には有機体の思想があり、各個人はその有機体の一部であって、たとえば手は手の役割を果たし、足は足の役割を果たすという意味で、その中に定められた立場を守りながら全体的統一をもつということである。そしてそれは聖書の中にある「キリストのからだ」という教会理解によって宗教的に裏づけられている。ところが近代世界では、身分の低い者も能力によって上昇できる。能力のある者が新しい社会秩序の上に立てられるのである。王はもはや身分的上位ではなくなる。王と臣民の関係は、父と子の関係といった自然的秩序の類比では考えられなくなる。王は臣民との契約によって王なのである。近代化とは、それゆえ、〈身分社会〉から〈契約社会〉への移行ということができるのである。

ラッセルは前に引用した彼の哲学史の中で「政治的権力がいかなるやり方においても、子供に対する親の権力と同等に考えるべきだ、といった考えは日本以外にいるどのような現代人にも思いうかばないであろう」と言った。もちろんそれは戦前の状態である。しかし敗戦の時日本人がただひとつ必死に執着したことが「国体護持」であったことを思い出せば、この状態が決して内側から克服されたものではないということを認めざるを得ないだろう。そして象徴天皇論は日本においては天皇と国民の関係が十分に契約化しきっていないことをあらわす残像と認められよう。

世界史的意義

この中世から近代への転換の間において、歴史の歯車を決定的に回転させたのがピューリタニズムなのである。このピューリタニズムの世界史的意義をトレルチは次のように記している。

この国〔イギリス〕で、これら宗教改革の継子とよばれる者たちは、ついに彼らの偉大な世界史的時期を体験するに至った。アナバプテスト的自由教会主義、デモクラティックなまた共産主義的な理念、スピリチュアリスティックな独立派、敬虔主義的に徹底したカルヴィニズム、革命権・人民主権・キリスト教国家などの古カルヴィニズムの理念、こういったすべてのものが、政治的破局や古い英国的権利の要求と結び合わされた。……キリスト教的国家という明白な意図をもったクロムウェルの国家は、キリスト教的国家の理念を短時日ながら実現した。このすばらしい制度は短時日しか続かなかったが、それがもつ世界史的影響は驚くべきものがある。なぜならこの圧倒的なエピソードから、教会と国家の分離、多様な教会的集団相互間の寛容、教会団体形成における自発性の原則、世界観とか宗教とかにおける確信・意見の自由（初期には相対的にしかゆるされなかったが）、こういった偉大な諸理念が残ったからである。ここに、私的内的生活を国家は干渉してはならないという古いリベラリズムの理念は根拠をもっているのであって、この理念はそれからさらに外的な事物にまでひろげられるようになった。ここに中世的文化理念は終わりをつげ、国家教会的強制文化にかわって、近代的な、教会の束縛をもたない個人主義的文化がはじまったのである。

I　世紀転換の思想――ピューリタン思想の本質

序章では抽象的なことをのべてきたが、まず歴史的事実の世界に戻ってみよう。というのはピューリタン運動とはひとつの歴史的事実であり、われわれはピューリタンを歴史的事実の世界で思い出さなければならないからである。それは四〇〇年前の英国である。

ケンブリッジ大学のピューリタン運動

トリニティ・カレッジ

まずケンブリッジ大学のトリニティ・カレッジを訪れよう。現代のトリニティは、静寂で典雅なたたずまいで、四〇〇年前を思いやる手がかりも見出せないが、その時代のトリニティについてイギリスの歴史家トレヴェリアンはこう言っている。

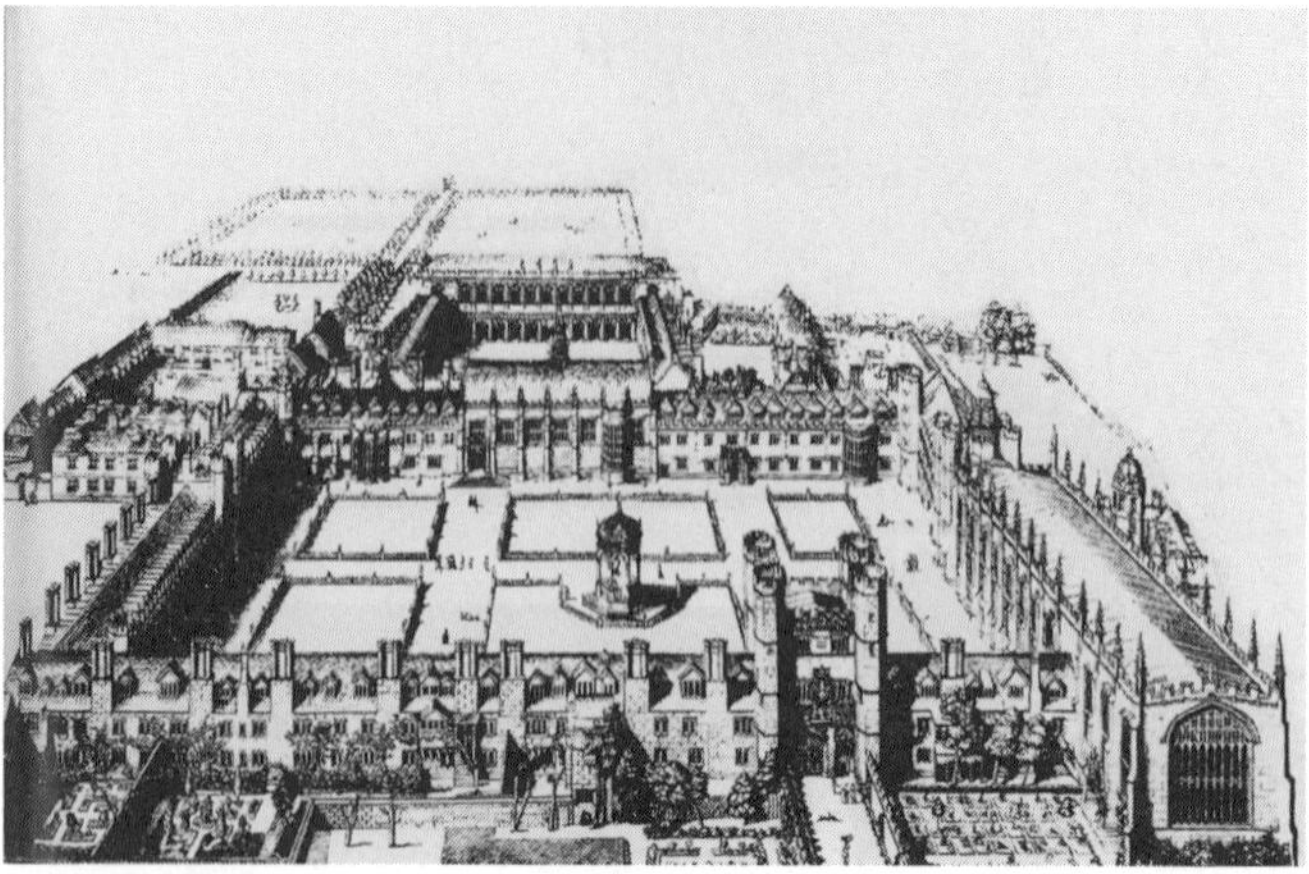

トリニティ・カレッジ

アングリカンとピューリタンとの大いなる闘争は、トリニティの寮室やチャペルにおいて発生したといってもよい。少なくともそこで予行演習が行なわれたことはたしかである*。

トリニティ・カレッジは、ヘンリー八世によって設立されたケンブリッジ最大のカレッジである。当時の学生総数一二〇〇人のうち、トリニティにはその四分の一が集っていたといわれる。一五六七年、つまりルターが宗教改革運動を開始してから五十年たった年に、トリニティ・カレッジでは研究員《フェロー》トマス・カートライトを中心として学生たちは精神的高潮にみまわれていた。カートライトは三十二歳の青年神学者で、学問的にも信仰的にも卓越した人物として、若い学生の崇拝の的であった。その年の五月三十一日、カートライトは文学士の上の学位である「神学士」の学位を得た。そして秋の新学期か

カートライト

らは「大学説教者」のひとりに選ばれ、全学生に大きな影響をあらわしはじめた。

このカートライトこそエリザベス時代のピューリタン運動の最大の指導者となる人である。彼がまきおこす旋風はピューリタン旋風と言ってよいだろう。彼が大学教会であるセント・メアリー教会で説教するときは、会堂に群がる学生たちのために、会堂吏が窓枠を外さねばならなかった、と言い伝えられているほどである。

カートライトは何を語っていたのか。それは英国国教会（「アングリカン」とトレヴェリアンが書いたもの）に残存するカトリック的遺風を指摘し、アングリカンの不徹底な宗教改革を攻撃するというものであった。なぜこれがそれほどまでに学生の心をゆり動かしたのだろうか。それはアングリカニズムの公的政策に対する批判のためだけではなかった。この年の二年前（一五六五年）、エリザベスはカンタベリー大主教パーカーに書簡を送り、アングリカニズムによる国民的礼拝様式の統一の強化に乗り出した

＊G・M・トレヴェリアン、ケンブリッジ大学近代史欽定講座教授。トリニティ・カレッジ学長などを務めた。『イギリス史1．2．3』（みすず書房、一九七三―七五年）、『イギリス社会史』（みすず書房、一九七一―八三年）などの著書がある。

のである。パーカーの『アドヴァタイズメント』[*]とよばれる教会史で知られている文書は、このエリザベスの命を受けてそれを全国に布告した文である。こういう動きが二年前から強化されてきたのである。このパーカーの通告文は、各方面から強力な反対を受けたが、とくにケンブリッジでは反対の請願書まで出すほどであった。それは聖職者にカトリック的な祭服の着用まで強制しており、宗教改革的精神をもつ者にとっては我慢できないことだったのである。歴史家たちが「祭服論争」とよぶ論争や反対運動はこの時代の出来事である。カートライトの説教は、女王や当局のこの動きに対し真向からぶつかっているのである。

　女王の政策に対する彼の批判が、学生間に大きな出来事となったもうひとつの背景は、次のようなことである。

　エリザベスは、一五六四年ケンブリッジに行啓し、そこでの歓迎催物のひとつ模擬哲学討論で、カートライトに会った。しかも、模擬討論とはいえ女王の面前で王制を批判するカートライトにであった。その時のテーマは「王制は国家の最良の制度である」ということで、五人の若い学者によるラテン語での討論であった。この事件はのちにカートライトの敵味方でいろいろに解釈されて伝わっているが、とにかく専制的女王の前で批判的な討論をすることは大胆なことであった。ある人はエリザベスとカートライトの間の終生の敵意はここに由来すると見る。この出来事はわずかその三年前のことで、女王の反対者という印象が学生たちの脳裡から消え去るはずはない。カートライトはそのような背景をもって今や大学説教者として公然アングリカニズム批判をするのである。彼は「ケンブリッジで最も影響力ある人」とみなされるようになった。

　カートライトの影響は、学生たちに具体的行動をとらせるまでに至った。政府当局はアングリカンによる礼拝様式の統一の強化を押しすすめ、その一環として礼拝における祭服着用の強制をはかっている。ところがトリニティ・カレッジの夕拝のとき、わずか三人を除いた全学生が、所定の白上衣《サープリス》を着用しないままチャペルに集合したのである。この光景が尋常でないことは、もし制服着用が定められているのに、大多数がそれを着ないで集合するという状態を考えれば、ただちにその重大性を想像することができるだろう。これはトリニティの反抗を意味する。国家の公式の行き方に対する公然たる反抗である。

　このような学生の中に、将来カートライトと共にピューリタン運動の指導者となるウォルター・トラヴァーズもいた。トラヴァーズはのちに、アングリカニズムをたおしたあとに打ち立てられるピューリタン国教会の設計図とでも言うべき『規律の書』の著者となる人である。トリニティ・カレッジはピューリタン運動の発祥の地であった。

レディー・マーガレット神学教授

　それから二年後、一五六九年、ケンブリッジ大学にはひとつの人事異動が起こった。二年前からトリニティ・カレッジの学長となっていたジョン・ホイットギフトは二

＊『通告文』と訳されることが多い。

年間兼任した欽定神学教授職を辞任した。ホイットギフトはカートライトより四歳ほど年上であるが、文学士を共にセント・ジョーンズでとり、卒業は同期であった。昔から知っている間柄であり、またライバル同士であった。カートライトが大学説教者となったその年、ホイットギフトは三十八歳でトリニティの新学長となったわけである。そしてあのトリニティの反抗を彼は当局者の立場で見ていた。ホイットギフトが何故この年兼職をやめたのか分からないが、十七世紀の教会史家フラーによれば、カートライトのところには学生が群がっていたが、ホイットギフトの講義や説教には集らなかったという。とにかくホイットギフトは欽定神学教授をやめ、大学の行政面に専心することになった。

その結果、欽定神学教授にはウィリアム・チャダートンがなり、彼がそれまで保持していたレディー・マーガレット神学教授職が空いた。そこに新しく任命されたのが、カートライトだったのである。カートライトは名誉あるレディー・マーガレット教授として、大学内の地位も確立し、学生の人気もよく、まさに活動の絶頂に立った。

カートライトは教授就任後、新約聖書に含まれている一書、使徒行伝の講義を開始した。カートライトは「純粋なラテン語学者、正確なギリシア語学者、厳密なヘブル語学者」と言われた古典語の天才で、また時流に逆らう思想による聖書講義で、学生間にたちまち絶大な反響をまき起こした。彼の講義は、決して政治的意図をもったものではなかった。少なくとも彼の主観においてはそうであり、純粋に学術的な講義であった。使徒行伝という書は、最初の教会の発生と進展が記された書であり、まさに原始教会史といわるべきものであるが、カートライトはその当時の状況の中で純粋に学術的に原始教会の制度を明らかにしていくことを目的としたのである。しかしそれはおのずと原始教会を基準として、英国国教会の現状を批判するという結果を生み出していった。

しかし彼の学術性は、反対者の側からみれば、カモフラージュにすぎない。カートライト教授の姿は、資本主義国家によって設立され経営されている国立大学の教授が、学術性のヴェールをかぶってマルクス主義を講義し、資本主義体制を根底から否認するような言説をのべるようなものである。存在としては資本主義で生きており、思想としては資本主義を否定する。これは思想に生きる者のもつ矛盾である。カートライトはまさにこの矛盾の中に踏み込んでしまった。レディー・マーガレット教授としてカートライトはアングリカンの立場に立たねばならない。しかし講義はまったく逆である。そこに彼の根本的矛盾があった。もちろん彼はそれを十分に自覚していなかったようである。しかしこの矛盾は、反対者にとっては我慢ならぬものであり、また彼の講義が学生たちに及ぼしている影響の重大さにかんがみ、もはや看過できないものとなった。

この問題を公然と提起したのは、レディー・マーガレットの前任者、現在の欽定神学教授ウィリアム・チャダートンであった。彼は、一五七〇年七月十一日、ケンブリッジ大学総長セシルにカートライト告発の書簡を送った。

最近わたしの後任としてレディー・マーガレットによって設立された神学講座の教授となったカートライト氏は、神の法と女王の勅令にもとづく祭帽その他の服飾をこれまでずっと頑強に拒否しつづけてまいりましたが、今や毎日の講義において、キリスト教国家において許されないような有害な教理、すなわち英国国教会には、聖職者の招聘・選出・任命に何の合法性も正当性もない、それどころか聖職の聖務《ミニストリ》すら何もない、近ごろの聖職や主教の選び方は、専制君主的なやり方である、大主教・助祭・副主教などは、信仰に反する職務であり名称である、などと教えています。

このように彼の講義を非難し、そして彼の教説は「現在ある教会的国家的政体を顚覆し放擲《てき》し、新奇な政策を定めそれを樹立すること」を意図するものであると鋭く指摘し、総長の善処を要望した。

カートライト教授の追放

この告発書簡からちょうど五ヶ月目、一五七〇年十二月十一日、カートライトはわずか一年で、ついにレディー・マーガレット教授職から解任されるのである。

その間の五ヶ月間、ケンブリッジ大学はカートライト問題でもめ続けた。チャダートンの告発から俄然カートライト問題は公然となり、総長の委嘱を受けた副総長ジョン・メイ博士は、カートライトに彼の主張の要約書を提出させた。これが彼の追放のための学内裁判の資料となった『カートライト氏によりケンブリッジ大学副総長に対してのべられかつ提出された見解』とよばれる文書である。

この文書はカートライトの主張をはっきりのべている。一、大主教や主教の名称ならびに職階は廃棄さるべきこと。二、その代りに新約聖書に記されている監督や執事がおかるべきこと。三、監督は純粋に霊的機能を果たすべきであり、執事は貧者の世話のような仕事に当るべきこと。四、教会政治の権威は牧師や長老会に置かるべきこと。五、牧師は自分の牧する信者の群をもち、各個教会に奉職すべきこと。六、牧師の人事は主教の任命や、主教への個人的願い出によってなさるべきではなく、各個教会の選挙によってなさるべきであること、などである。そしてカートライトはこのような宗教改革は、為政者はその権力により、牧師はその説教により、一般人民はその祈りによって遂行さるべきであるとのべた。

彼は革命を決して煽動してはいない。しかしその思想内容は、はっきりと現存の体制を否定し、英国国教会の主教制度を廃棄することを公然と主張したものとして、きわめて革命的なものであった。総長は、カートライトに故意の政治的反抗は見出されないとして、この種の問題をふたたび起こさぬよう別の主題を選んで講義することを奨めたが、副総長以下反対派の学長たちは、カートライトを減俸停職処分に付した。この反対派のリーダーがライバル、ホイットギフトなのである。

ホイットギフトの策動はそこにとどまらなかった。彼は最後的にカートライト追放を考えていたのである。その目的のためにまず大学規則の改定にのり出した。新規則は一五七〇年九月二十五日女王の裁可を得て公布された。これはカートライト問題を処理する大きな権限を副総長に与えるという内容をもつ規則であった。そしてそのような大きな権力をもつ副総長に、ホイットギフトその人が選出されたのである。

ホイットギフトはこれで目的を達成することができる。さっそく彼は新副総長の最初にして最大の仕事にとりかかった。一五七〇年十二月十一日のことである。カートライトは、トリニティの学長室、いうまでもなくホイットギフトの室に召喚された。そこには新副総長はじめ前副総長メイ、あのチャダートンら神学博士、法学博士合計九名が着席していた。カートライトはホイットギフトから尋問を受ける。ホイットギフトは、カートライトの思想が国教会に反するものであると断定し、そして彼がメイ博士に提出した見解の全面撤回を要求する。

しかし、カートライトは、彼の学説を真理として固執し、断固撤回を拒否したのである。

ホイットギフトは、カートライトに一時退席することを求め、やがてふたたび呼び入れて宣告した。カートライトは、レディー・マーガレット教授職から解任される、今後大学内でいっさい説教してはならない、以後レディー・マーガレット教授職は空席となった、と。ホイットギフトのカートライト憎悪は極みにまで至る。彼はそれから二年後一五七二年九月、トリニティの学長の職権を用いて、カートライトのトリニティにおける研究員《フエロー》の身分さえも奪い、大学から完全に閉め出してしまうのである。授与されることになっていた神学博士号（D. D.）も、結局、与えられずじまいであった。

カートライトにとっては、ケンブリッジ大学のレディー・マーガレット教授という、その当時の学者にとって栄光にみちた地位よりも、彼のいだいた思想の方がもっと重要だったのである。ピューリタンというのは思想にとらえられた人間なのである。

エミグレ

これは不思議な思想である。ピューリタンの歴史を見てあきらかなことは、この思想にとりつかれた人間は、地上に定着できない人間になっていくという事実である。ピューリタンの生の本質は〈エミグレ〉と称することができる。エミグレ、それはあのメアリー女王の反動宗教改革の迫害（一五五三〜五八年）を逃れたプロテスタントが、ジュネーヴやその他ラインラント（ドイツ西部）の諸都市に亡命したときに呼ばれた呼称である。それは「亡命者」「移住者」を意味する。このエミグレたちはエリザベス即位と共に帰国した。そして彼らがもたらしたジュネーヴの宗教改革の報道がカートライトのような若い神学者たちをピューリタン運動へとかり立てていったのである。ピューリタン運動はエミグレによって開始されたと言うこともできる。近代のアングリカンの教会史家フリーアは、ピューリタニズムをこの「移住」の結果であると判断した。フリーアはピューリタニズムは英国土着の思想ではないという意味で「移住」の結果だと言うのであるが、それのみならずこの思想は英国土着の人間をもエミグレにしてしまうのである。

宗教改革

この「移住の結果」ということを、よりわかりやすくするためにここで簡単に宗教改革についてふれておこう。周知のようにそれは、ドイツ人ルターが一五一七年、贖宥状（通称、免罪符）に抗議する九十五ヵ条の討論提題を発表したことから表面化した。贖宥状というのは、ローマ教皇庁が教会新築などの資金集めのために販売していた一種のお守りで、これを買えば罪の償いが免除されるというのである。ルターははじめ、贖宥状そのものに反対したわけではなく、濫用されているのを非難したのだったが、しだいに濫用が目に余るものになってきて、ついに所信を公開したのである。もっともこれは、贖宥とはなにかという純粋に教義上の論議のつもりだったのだが、反響は予想外に大きく、たちまち全キリスト教世界にひろがった。やがてローマ教皇庁も看過できなくなり、ルターを異端として破門しようとするに及んで、彼は見解をより明確にすべく一五二〇年、三大宗教改革文書を世に問うた。第一の書では、教皇の世俗的権限を否定しドイツ貴族は教皇権力から独立すべきこと。第二の書では、カトリック教会の秘蹟《サクラメント》制度の否認。第三が有名な『キリスト者の自由』で、キリスト者は「信仰によってのみ」自由であると説く。ここにおいて、はじめて近代的自由の理念が宗教的に主張されたのである。彼は、教皇庁に破門の実行をうながされたドイツ皇帝カール五世によってヴォルムスに召喚されたとき、「私の良心は神の言葉にとらわれています」と言って、教会的権威をはっきりと否認した。

皇帝はただちにルターに国外追放を命じたが、ザクセン侯フリードリヒが彼をかくまい、彼はそこで聖書のドイツ語訳に没頭した。こうして今まで教会権力者が独占していた「神の言葉」は、ドイツの民衆の手に渡されるのである。もっとも彼の立場は、封建領主のもとで執筆していたことに象徴されるように、おのずから限界を持っていた。それは政治と宗教の二統治説であり、やがて彼の教説はドイツ諸

ジュネーヴにあるカルヴァンの教会

侯の政治目的に利用され、福音的自由の立場の社会的自由への展開がはばまれた。

そこに新しい改革者がフランスに現われ、福音主義を確固たるものにする。いうまでもなくカルヴァンである。彼が成人したころ、フランスではプロテスタントは大迫害をうけていた。カルヴァンも迫害をのがれて各地を転々としたが、スイスで主著『キリスト教綱要』（一五三六年）を出版した時、彼は二十六歳であった。

彼を一躍プロテスタントの指導者にするこの書で、彼はフランスのプロテスタントを弁護するとともに、国家権力からの教会の信仰上の独立を要求した。これは、「神の主権」や「摂理」の信仰により生の全領域を神の意志に服従せしめようとするもので、ルターの二統治説は克服された。彼の教理にもとづいて行なわれた厳格な「神政政治」により、ジュネーヴの町は「聖徒の町」と化した、と伝えられてきたが、今日では改革はそれほどまでは徹底しなかったことが明らかになっている。しかし、ジュネーヴがカルヴィニズム運動の中心地となったことは確かである。ピューリタニズムはカルヴィニズムの流れに属している。今日でもジュネーヴの市内にある公園には、インターナショナル・カルヴィニズムの代表者たちの像が立ち並ぶ宗教改革モニュメントがあり、昔日の面影がしのばれる。この群像の中にピューリタンからえらばれた代表者の一人はクロムウェルである。もう一人がロージャー・ウィリアムズである。

カートライトの運命

さて、カートライトはメアリー女王の反動宗教改革のときはまだ十八歳で、亡命に加わらず国内に残留した。しかし例の騒動でケンブリッジ大学教授の地位を失った直後、彼みずから〈エミグレ〉となったのである。まずジュネーヴに行き約一年間カルヴァンの後継者テオドール・ベザの下に留まったが、帰国後間もなく、さきにのべたようにホイットギフトによってトリニティのフェローシップを奪われ、一五七二〜七四年、ピューリタン運動の中から出た匿名の文書『議会への勧告』に端を発した論争で、ホイットギフトと大論戦を展開したが、その間七三年十二月に逮捕状が出たため、それを逃れてふたたび大陸に渡り、それから一五八五年四月帰国するまでの十一年間、転々と住まいを変える生活を続けるのである。

他方、ホイットギフトはどうであろうか。ライバル、カートライトを政治的手段で追放したあと、ホイットギフトはアングリカニズムの忠実な擁護者として出世街道を驀進する。カートライト事件から十三年後の一五八三年には、カンタベリー大主教に抜擢され、位人臣をきわめる。エリザベスは処女王として貫いたが、聖職者も独身であることを好み、独身を守ったホイットギフトは彼女にことに寵愛され、彼女の「ブラック・ハズバンド」とあだ名されたほどであった。ホイットギフトは栄光を好む性質で、豪壮な邸宅に住み、豪勢な行列を張ることを楽しんだ。

ホイットギフトがカンタベリー大主教になった頃、カートライトはオランダのミデルビュルフの英国商人組合「マーチャント・アドヴェンチャラーズ」の周旋人《ファクター》（主として、二者間の取り引きに立ち合う）や在留英国人教会の牧師をしている。かつてのケンブリッジ大学教授が商人組合の周旋人をするということは、同僚がカンタベリー大主教という栄光の座についたこととくらべ、あまりに隔絶した相違といわねばならない。

カートライトは一五八五年四月帰国するが、それから彼らの理想とする教会体制（長老制度をとったためプレスビテリアニズムとよばれている）を部分的にでも施行する地下運動を推進する。これはクラシス運動とよばれている。しかし一部の急進派の文書活動（マープレリット文書とよばれ、主教を誹謗する文書）や分派運動のために、はげしい弾圧を受け、急進派の指導者バロウやペンリーやグリーンウッドは一五八六年死刑に処せられ、カートライトも一五九〇年の秋逮捕され、一五九二年五月までフリート監獄に投獄された。悲哀にみちたことであるが、獄中から彼は釈放の嘆願書を妻の手に託して、二十年前の敵、カンタベリー大主教ホイットギフトに送るのである。一五九一年六月には、彼は囚人として高等宗務官裁判所でホイットギフトに審問された。二人は出身や教養においてまったく同じ階層の人間であったが、思想の違いが二人をこの社会的相違にまで導いたのである。二人はエリザベスの死後、相前後して世を去った。

アングリカニズムとピューリタニズム

土着思想と外来思想

『議会への勧告』というピューリタン文書から発したホイットギフトとカートライトの論争に関する書を書いたアメリカの歴史家マッギン*は、二人を評して「二つの相異なる明らかに調停不可能な理想のチャンピオン」と言った。ホイットギフトはアングリカニズムのチャンピオン、カートライトはピューリタニズムのチャンピオンである。エリザベスの時代において、アングリカニズムは体制の思想であり、ピューリタニズムは反体制の思想であった。

アングリカニズムは、エリザベスの父、ヘンリー八世の宗教改革によって打ち出された英国独自の教会と国家の新体制の理念であった。ヘンリー八世の宗教改革は、いろいろな条件によってひき起こされるが、それらの諸条件は国王の恋愛事件によって総括され宗教改革へと作用させられた。それはヘンリー八世と、エリザベスの母アン・ブーリンとの恋愛事件である。ヘンリー八世は前妃キャサリンを離婚し、アンとの結婚の合法性を主張するため、宗教改革を遂行した。一五三四年、ルターの宗教改革から十七年後のことである。だから英国宗教改革は、ルターのそれのように純粋に宗教的動機からではなく、「国家の行為」といわれるように政治的な宗教改革であった。しかも問題は、ヘンリー八世は最初ルターの反対者であり、ルターに対してカトリック擁護の論文を発表したこともあって、ローマ教皇から「信仰の擁護者《デフエンソール・フイデイ》」の称号を受けた前歴があるということである。ところでこの「信仰の擁護者」の称号はそれから今日に至るまでずっと英国王が用いている。一方にそのようなことがあり、他方でローマ教皇から訣別せねばならない。そこでヘンリー八世は、信仰内容や教会の儀式一般や教職制度には本質的な変更の手を加えず、ただ英国にある教会に対する教皇の支配権を否認して国王自身が英国教会の首長となり、修道院を没収するという、外面的な政治経済的な面での宗教改革をとらざるをえなかったのである。だからこれはカトリックとプロテスタントのあいの子のような性格をあらわすものとなった。[**]トマス・モアがヘンリー八世とアン・ブーリンの結婚の合法性を承認せず、ついに断頭台に処刑されたのは、宗教改革の次の年、一五三五年であった。その年にカートライトは生まれた。

エリザベスはカートライトより二歳年上で、この宗教改革の大変動のただ中に誕生した。彼女はアングリカニズムと共に誕生したといえよう。彼女の生はアングリカニズムと共に立ち、あるいは倒れる。彼女は生まれながらアングリカニズムを守るべく運命づけられていた。エリザベスが即位したのは一五

＊ Donald J. McGinn, *The Admonition Controversy*, Rutgers University Press, 1949

＊＊『ユートピア』の著者として有名な、大法官。

五八年十一月のことである。その前の英国は反動宗教改革とプロテスタント迫害の嵐が吹きあれた。エリザベスの前は、ヘンリー八世の前妃キャサリンの娘メアリーである。

メアリーはカトリック信仰をもちつづけ、即位したあと、国王の至上権（ヘンリー八世がローマに対して主張したもの）を逆用して、英国国教会をカトリックへと顚覆してしまい、宗教改革を推進したプロテスタント、つまり彼女の母の敵であるが、彼らを極刑をもって処罰した。彼女は火刑を用いた。火刑場はロンドン郊外のスミスフィールドにあり、当時の記録によれば二八六名が火刑に処せられた。メアリーの残虐は人民のはなはだしい不評をかい、それでエリザベスの即位は歓迎された。エリザベスは英国をふたたびアングリカニズムに戻し、それによって教会と国家を再建しようとした。

アングリカニズムというのは、カトリシズムの普遍主義に対して、ナショナリズムの立場である。ナショナリズムと結合したキリスト教、英国の土着性と結びついた宗教である。英国土着の宗教という光景は、今日ロンドンのウェストミンスター・アベイを訪れる者は、それをまのあたり見ることができるだろう。この聖堂は、英国の生んだ偉人や英雄の像や記念碑で満ちみちている。英国宗教改革を次のように言う人がいる。英国宗教改革は、英国にある教会（The Church *in* England）を、英国の教会（The Church *of* England）とした、と。つまり教会というのは「ウナ・カトリカ」つまり「ひとつの普遍的な」教会で、それが英国、フランスなどの各地にあるものだという中世的見方が、宗教改革によって破られ、教会は英国のものと同一視されるようになったということである。今日でも英国国教会は、「ザ・チャーチ・オヴ・イングランド」と称している。その点でヴァチカンの聖ペテロ聖堂の中の光景はちがう。そこにはナショナルなものを超越したカトリック信仰の擁護者たちの像や聖人の像がおかれている。そこにカトリックの普遍主義があらわれていると言えよう。

英国宗教改革もたしかに大きな世界史的変動のひとつであるが、序章にのべた中世から近代への世界構造の変化の過程を背景としてこの出来事を見るならば、これはあたかも中世社会の普遍的な大きな岩塊を、中位のナショナルな塊に分割するような変化だと言える。戦前、田辺元《はじめ》*は、「種の論理」ということを主張したが、種とは類と個の中間のカテゴリーである。国民国家はこの「種」に属する。「種の論理」が、日本のナショナリズムの論理化に役立つものがあったのはそういう理由からである。そのような意味で、中位の塊への分割なのである。それは内容的には中世社会を克服することは意図しなかった。それはいわば英国宗教改革は、〈コルプス・クリスチアーヌム〉をナショナルな規模において保持する体制をつくり出したことになる。

英国宗教改革において、ナショナリズムは国王絶対主義と必然的に結びついた。なぜならヘンリー八世みずから英国国教会の「最高の頭《かしら》」となったからである。中世社会において教会の「最高の頭《かしら》」と言えば、それは教皇をさしていた。中世における教皇神政体制の確立者インノケンティウス三世は、「使

＊京都大学の哲学者で『種の論理の弁証法』（一九四七年）などを書いた。

徒的主権者〔教皇〕は、教会の頭《かしら》である。王はその右手、世俗的腕にすぎない」と言った。ところが世俗的腕にすぎない王が教会の「最高の頭」となる。そこにおのずと王の神化がおこり、中世に教皇が帯びていた性格を王に帰するようになる。そして人民の、宗教的に内面から促された服従の対象となるのである。これがその時代一般人民に要求された「受動的服従の倫理（絶対的国王に対するあらゆる抵抗を罪として否認した倫理思想）」なのである。

アングリカニズムは三本の柱をもっていた。ナショナリズム、アブソリューティズム（国王絶対主義）、受動的服従の倫理である。エリザベスは、ヘンリー八世が用いた「最高の頭《スユープリーム・ヘッド》」の表現を変えて、「最高の支配者《スユープリーム・ガヴァナー》」とした。しかし内容に大した変化はなかった。この時代の英国は、カトリックの大国スペインとの抗争の中で、ナショナリズムで結束していた。それはエリザベスが自分の生を置くたしかな基盤であった。またナショナリズムはエリザベスの存在において結束の中心をもったのである。エリザベス時代のアングリカンの偉大な神学者リチャード・フッカーは、「全能の神とそのしもべエリザベスのめぐみによってわれわれは存在する」と言ったが、この言葉はアングリカンの精神的雰囲気をよくあらわしている。

ピューリタニズムは宗教的には、正当な主張をもつ運動であった。それはアングリカニズムがカトリックとプロテスタントが混合したような体制であるゆえに、ルターの聖書翻訳以来英語にも訳されて一般人民の手に渡された聖書、神の言葉が記されていると信じられた聖書に従って宗教改革を徹底させようというものであった。「徹底的宗教改革」、これがこの時代のピューリタンのスローガンであった。ところがスペインとの対抗というきびしい国際関係の中で英国は、エリザベスを上に戴き、ナショナリズムによって一丸となる方向にかたまりつつある。この状況は、ちょうどライシャワーが日本の歴史的遺産を積極的に肯定し日本のデモクラシーはそれらによって支えられていると言うのに対し、民主化や近代化の不徹底を叫び、それを徹底させることを要求するようなものである。ピューリタンの主張は、一部の知識人（大学卒業者）や商人や学生に受けいれられたが、大勢を決することはできない。ピューリタンが不徹底というところをアングリカンはそれでよいと肯定する。たしかにピューリタンも愛国的であり女王に忠誠を誓った。あるピューリタン*は、女王の刑吏によって右の手を切り落されたとき、左手で帽子をあげ「ゴッド・セイヴ・ザ・クイーン！」と叫んだという。しかしピューリタンの愛国心は、日本の例で言うと、内村鑑三の愛国心のようなものである。国粋主義者から見ると内村は非国民である。ピューリタンの愛国心は、アングリカン的な深みをもっていない。だからアングリカニズムのような土着の宗教の反撥にあえば、ピューリタニズムは、そこに何か英国のものではない性質をもった宗教と見られざるを得ないであろう。

ピューリタニズムはたしかに最初の段階では、インターナショナル・カルヴィニズムの一環という性

＊カートライトの妻の兄ジョン・スタッブのこと。

格の運動であった。トーニーは『宗教と資本主義の興隆』の中で、カルヴァンとマルクスの類似性を指摘しているが、この時代のインターナショナル・カルヴィニズムは、現代のインターナショナル・コミュニズムのような性格をもつ運動である。カートライトが、レディー・マーガレット教授職から追放されてすぐジュネーヴに行ったという事実がそれを示しているように、ジュネーヴはその運動の拠点であった。共産主義者にとってのモスクワのようなものである。ピューリタニズムの性格は〈インターナショナル〉である。それはアングリカニズムのような〈ナショナル〉な宗教に衝突すると、外来宗教・外来思想として反撥されるのである。それは英国に土着できない。それゆえそれは知的な人間の頭の中に仮寓を求める。ピューリタン宗教は、少なくともその初期の段階は、インテリの宗教、大学人の宗教であった。

歴史的世界観

しかしピューリタニズムは、アングリカニズムにとっては実に恐るべき危険な思想であった。それはアングリカニズムを根底から顚覆させる力をもった思想であった。

ピューリタニズムは〈聖書主義〉といわれる行き方である。「ソラ・スクリプトゥラ」という標語があるが、それは「聖書のみ」という意味である。ルターは「信仰のみ」(「ソラ・フィデ」)と言ったが、ピューリタンは「聖書のみ」の立場である。ということは中世カトリック世界を聖書によって否定し、そして新しい世界を聖書に従って形成するという立場を意味する。聖書を重んじるのは、キリスト教会すべてにそうだと言えるが、その中にいろいろな相違がある。ルターも聖書を重んじた。しかしルターよりもカルヴァンの聖書の尊重はもっと首尾一貫したものであった。ピューリタンはカルヴァンの流れだが、それをもっと徹底させている。聖書のみという主張は、中世カトリシズムにおけるヘブライズムとヘレニズムの総合を、ヘブライズムの立場に立って分解することを含蓄しているのである。

ここでアングリカニズムとピューリタニズムの間の微妙なしかし重大な差についてのべてみよう。アングリカンの代表者ホイットギフトも聖書を重んじた。彼は神学的にはカルヴィニストと見なされている。カートライトもカルヴィニストであるとすれば、いったいどこに差違があるのだろうか。それは次の点である。つまり、カートライトは聖書を教会と国家を含めた社会全体の改革にまで適用したということである。アングリカンは聖書をそこまで適用はしない。むしろそれについては英国の古い伝統という、もうひとつの規準に従って考えようとする。つまり教会制度の問題は英国の過去の風習に従って、そして政治的権威の制定に従って決定されるべきだという考え方なのである。この英国史の伝統というのは、ローマ教皇の支配が英国の上に及ばなかった時代からの伝統ということで、むかしの英国の教会は国王の権威の下に服していた、それが英国宗教改革の正当性の根拠となるわけである。だから英国宗教改革は、聖書への復帰ではなく、英国の過去への復帰であった。そこにナショナリズムとの結合が可能となるわけである。

これに対しピューリタンは聖書が適用されないような「間隙」を認めない。ピューリタンは社会体制そのものにまで聖書をもって触れる。ピューリタンの主張は社会全体を聖書に従って改造するということである。だからピューリタンの思想は、アングリカンのように〈コルプス・クリスチアーヌム〉をナショナルな形に分割するという改革ではなく、中世体制を根底から構造的に変えるというラディカルな改革の可能性を含むわけである。アングリカンはエリザベスの宗教体制を、あのメアリーによる破壊のあと、ふたたび英国本来の教会と国家の在り方を回復したものとして肯定する。アングリカンにとっては、ローマの支配が打破され、その支配がはいる前のアングロ・サクソン時代の純粋な英国国教会が回復されれば、宗教改革は終わるわけである。それ以上に進む必要はない。しかしピューリタンはこの見方を受けいれない。だからエリザベスの宗教体制はまだ過渡的であり、真の宗教改革にむかって前進しなければならないと主張するのである。

アングリカニズムの立場は、一五九〇年代にリチャード・フッカーがカルヴィニズムによらないアングリカン神学を建設したことによって、はっきり確立されるに至った。フッカーについては、『エリザベス時代の世界像』の著者ティリヤード*によって英文学関係の人には知られるようになったが、彼は、さきに言及したウォルター・トラヴァーズの論敵であり、アングリカンの最も傑出した神学者である。彼は、ホイットギフトのアングリカン弁護の論理である、教会制度は「無規定の事柄」（聖書が規定していない事柄）という考えを継承し、その「間隙」に英国国教会を基礎づけるが、彼の独自性はカルヴァンを捨て、その代り中世のトマス・アクィナスの思想を導入してアングリカニズムを正当化したところにある。あきらかにここに中世への復帰が見られる。しかもフッカーは世界観そのものも、コペルニクス的転回（一五四三年に『天体の回転について』が出版された）をまったく無視し、古い中世的な宇宙論を基礎として考えているのである。フッカーの背景にはいわゆる英国ルネサンスがあるのだが、この事実は英国ルネサンスがいかに中世的であるかを示す一例である。フッカーは英国の伝統に立脚した思想家だが、彼の思想は決して歴史的ではない。さきに中世のキリスト教的社会を巨大な岩塊にたとえたが、中世の支配的な思想の性格もそれにふさわしく、宇宙存在論的世界観なのである。ドイツの哲学者カール・レーヴィット**は、中世的世界観を「アリストテレス的プトレマイオス的世界像をキリスト教化したにすぎない」と言っているが、その世界像を基礎として中世思想は世界や人間を考えたのである。その世界観は、ダンテの『神曲』（一三〇七―二一）の構造ともなっているし、またトマスの神学の中にも見出される。ところがフッカーの中にそれが再興しているのである。もちろんトマスのように世界共同体としての〈コルプス・クリスチアーヌム〉を基礎とした思想ではなく、国民共同体としてのコルプス・クリスチアーヌムを基礎とした一段小規模な思想ではあるが。

ところがピューリタンはこのような宇宙存在論的世界観とはまったく異質な発想の世界観に立っている。それを歴史的世界観と言ってよいと思う。これはルネサンス・ヒューマニズムの歴史意識とはち

＊ Eustace M. W. Tillyard, *The Elizabethan World Picture*, NY, 1964

＊＊『世界史と救済史』（創文社、一九六四年）、『神と人間と世界』（岩波書店、一九七三年）、『ヨーロッパのニヒリズム』（筑摩書房、一九五一年）などの著書がある。

がった、もっと聖書的な歴史意識なのである。この歴史の思想の原点は、神の歴史支配（摂理）という信仰なのである。きわめて聖書的な概念である。十六、七世紀の文献を読めば、この〈摂理〉という概念がいかに重要な意味をもって用いられているかがわかるだろう。ジョン・ミルトン*の『楽園喪失』の中に、またクロムウェルの手紙の中に、さらに十七世紀から十八世紀の転換期におけるアイザック・ニュートン**の中に、その他多くのところに見出されるはずである。ところでニュートンは、さきに出てきたトリニティ・カレジの学者である。ニュートンが入学したのは王政復古後であるが、彼はピューリタン革命が勃発した一六四二年に生まれている。ニュートンがダニエル書やヨハネ黙示録の註解書を書いたということを知れば驚く人がいるかも知れないが、十七世紀の思想史的コンテキストで見れば決して不思議ではない。彼が生まれたころの英国は、ダニエルの預言やヨハネ黙示録に基づくミレナリアニズム（千年王国説）の爆発的流行の時代であった。それが十七世紀を通して残っているのである。ところでこのミレナリアニズムも聖書的な歴史的世界観の一表現なのである。ミレニウム（千年王国）とはキリストの再臨によってもたらされる千年に及ぶ理想的社会であるが、この思想は、どのように確かに据えられた文化的根底をも歴史化し相対化して、来たるべき千年王国へと克服されるものとみるのである。

これは十七世紀の状況であるが、エリザベス時代のピューリタンの思想が聖書的な歴史的世界観であるということは、ミレナリアニズムと同様、現在のアングリカン体制を根底から歴史化し相対化することを意味し、神の意志に従って改革された教会体制へと克服しようとすることなのである。アングリカンは中世から近代への移行を、ナショナルな〈コルプス・クリスチアーヌム〉の建設によって抑止しようとした。しかしピューリタンは、中世世界という巨大な岩塊が、宗教改革によって爆発したあと熔岩となって流れ出すように、その流れを歴史的思想によって導こうとするのである。

中世から近代への世界観の変化は、宇宙存在論的世界観から歴史的世界観への変化と見ることができよう。そしてその変化が世界構造の変化に合致したものである限り、近代化とよばれる世界構造の変化は〈歴史化〉であると言ってよいであろう。世界が近代化していくということは〈歴史化〉していくということである。ピューリタンの思想はこの変化に適切に触れる性格をもっていた。それはダンテの『神曲』とミルトンの『楽園喪失』とを比較してみると分かるだろう。ミルトンは創世記の創造物語に題材をとったが、その思想構造は聖書的な歴史的な世界観であった。ダンテはキリスト教化されたアリストテレス的プトレマイオス的世界像を用いた。この〈歴史的世界観〉こそ中世から近代への世紀転換を生み出す思想である。ウィリアム・チャダートンがカートライト告発文で、「現在ある教会的国家的政体を顛覆し」と言ったのは、カートライトの主張の根底にひそむ、アングリカンのそれとはまったく異質な発想があることを感じての恐怖感を暗示している。

＊ピューリタンの詩人。
＊＊万有引力の法則で知られる。

社会学的に言うとピューリタニズムは〈外来思想〉であった。エミグレによってもち込まれた思想、エミグレの宗教である。だから英国社会の中に樹木のように植わっている存在ではなく、社会的流動性をもつ人間、つまり知的にまた経済的に、居住地の束縛から自由になれる人間に浸透した。階級的には自営農民以上、とくに商人、大学人などである。しかしピューリタニズムをただ単に社会学的にのみ観察することでは本質をとらえることはできない。神学的に見るならば、ピューリタニズムは、あのカートライトをそうしたように、人間をエミグレにするような本質をもった思想である。さきに近代化は〈歴史化〉であるといったが、もしも樹木のように植わっているような存在を自然的な存在とすれば、ピューリタニズムはその状態から人間を引き抜き脱出せしめる、つまり人間そのものを〈歴史化〉するのである。人間は定住的でなくて旅人的になる。ピューリタン文学のひとつの典型であるジョン・バニヤンの『天路歴程』はそういった姿をあらわしている。もちろんこれはカートライトがエミグレになった一世紀もあとのピューリタンの作品であるが。

宗教改革の大きな変動のあと、アングリカニズムは定住性に向かって努力している。ナショナルな〈コルプス・クリスチアーヌム〉を再建し、エリザベスを「最高天」と仰いで秩序を確立しようとする。しかし同じアングリカンのジョン・ダンは、すでにコペルニクス的転回がおこり、中世の宇宙存在論的世界像を支える基盤が失われ、「すべてはばらばらで、つながりはまったくなくなった」ことを十分に感受しているのである。結局人間はこの世界に土着できない存在であるという問題が、中世の終末によって人間の生の中に泌み込んできている。それをダンのような敏感な魂は感じとっているのである。

人間が土着できないということは、いわゆる「故郷喪失」ということである。アングリカンは英国人のための故郷を守ろうとする。国民国家が魂の安住地となろうとする。しかし中世的世界共同体に人生を宿らせることができない人間は、国民共同体でもだめであろう。現代人の「故郷喪失」はひじょうに深い由来をもっている。ダンの詩に表現されたような崩壊を近代の人間は、その生の根底に感じているということなのである。しかしピューリタニズムは、そのような人間存在の本質にふれ、それを明確化し、それに耐えしめ、いな、それを積極的に肯定する。そういう意味で近代の宗教なのである。それは中世共同体の崩壊のあと、〈個人化〉の方向に向かって人間を強めていく。そして崩れた社会を理想に従って再編成していく。そこにピューリタンのユートピアニズムがある。それをピューリタンは聖書的シンボルを用いて「新しいエルサレム」と言った。この理想をめざしてピューリタン運動は〈改革運動〉となるのである。

このようなピューリタニズムは、アングリカニズムによって社会再建を企てるエリザベス支配のもとでは受け入れられない。それはエリザベス政策という厚い壁にぶつかったような状態である。ピューリタンが欲した宗教改革は延期されねばならない。その間ピューリタンはどのように生きていたのだろうか。エリザベスはピューリタンに対しきわめて巧妙な政策をとった。それはピューリタンがエリザベスの主権にかかわるような政治的反抗を企てる限り徹底的に弾圧するが、せまい意味での宗教運動に自己を限定する限り寛容な態度をとるということであった。ピューリタンが国内に留まる限り、アングリカニズムのもとに生きなければならない。その当時の言葉でいうと「コンフォーム」(服従)しなければならない。しかし内心までコンフォームすることは、ピューリタニズムの放棄となる。そこでピューリタンは表面的にはコンフォームするが、内心ではノンコンフォームでゆくという道を求めねばならなかった。つまり政治問題には直接ふれず、宗教問題に限定してピューリタニズムを主張宣伝していく道である。カートライトの行き方は政治的なものが強かったが、ピューリタンはやがて非政治的な説教運動へと転向していくのである。しかしこれはアングリカン体制との矛盾を解消するものではなかった。その対立の中で三つの可能性があった。第一は地下運動であり、第二は国外脱出であり、第三は革命である。

第一の地下運動は、前にものべたがクラシス運動とよばれるもので、地下にクラシス(プレスビテリ＝長老会)をつくっていく運動である。カートライトはこの指導者の一人であった。しかしこれはアングリカン当局のきびしい弾圧を受け、一五九三年の反ピューリタン勅令によって息の根をとめられてしまった。この挫折のあと、ピューリタンの行き方はますます説教運動の形をとらざるを得なくなる。

第二は国外脱出であるが、元来国内に留まることが困難となったとき、ピューリタンはエミグレとなって国外に出たが、これは国内での運動が絶望的と感じられるとき起こった。その劇的な出来事はメイフラワー号のピルグリム・ファーザーズの脱出である。その後も一六三〇年に有力な牧師・神学者であるジョン・コットンらの大移住が起こり、アメリカにピューリタンの理想とする社会を建設することを企てた。

第三の道は革命である。エリザベスの壁はどうしても破れなかったが、エリザベスの死後四十年にして、ピューリタンは革命によって英国内にその理想を実現するまでになった。もちろんその時カートライトの理想は、ほんの短時日の間、しかも相当に変化した形であるが、英国に実現されたにすぎない。それは革命を経て実現された。カートライトの思想ははじめから革命的だったが、それが時満ちて革命に至ったのである。たしかに、もしピューリタニズムが英国に土着を求めるとすれば、革命を経なければ不可能だったのである。しかしそれによっても真にそして十分に定着できたわけではなかった。ピューリタン革命は英国において、未完成のままであるといえよう。

II　思想の土着――ピューリタン運動の転機

ハンプトン・コート会談

説教運動

一五九三年の反ピューリタン勅令は、ピューリタンの地下運動であるクラシス運動を絶滅させ、ピューリタンの主流はそれからはますます説教運動へと転向していった。説教をとおしてピューリタニズムの浸透をはかったのである。カートライトやトラヴァーズのピューリタン運動はたしかに政治運動の性格をもっていたが、エリザベス時代の後期に活躍したピューリタン指導者ウィリアム・パーキンズは、ピューリタン運動を説教運動の方向に導く重要な役割を果たした。パーキンズと共に説教運動を指導した人物にはリチャード・グリーナムやリチャード・ロジャーズなどがいる。

カートライトやトラヴァーズの最初の意図は、政権の座にある為政者を説得して宗教改革を達成しようということであった。その運動目標は上を向いていたといってよい。女王がだめなら議会を動かそうとした。その性格を最もよくあらわすのが、一五七二年の匿名のピューリタン文書『議会への勧告』である。しかしパーキンズたちのピューリタニズムは、性格がちがう。それは〈政治的〉でなく〈伝道的〉であり、一般の人民の方、下を向いている運動である。

パーキンズはカートライトよりはるかにはっきりしたコンフォーミストで、英国国教会内部で活動できる人であった。パーキンズの関心は、「教会」の改革ではなく、「人生」の改革だった。彼自身、ピューリタニズムを〈回心〉の体験をとおして把握した人である。このころの大衆は、エリザベス四十年の統治の太平の中で、精神的道徳的に頽廃していた。アングリカンの宗教指導は一般大衆に行きとどかず、信仰も生命を失っていた。パーキンズの回心前の生活はそれを象徴するようなもので、彼はケンブリッジ大学でも街の中でも「酔っぱらいパーキンズ」とあだ名されたほど生活が乱れていた。パーキンズのピューリタニズムは、同じように崩れた生活に落ちている人々を回心させ正しい生活に再建することであった。パーキンズはケンブリッジ大学の教授だったが、彼の宗教は一般大衆の状況にぴたりとするものをもっていた。このような説教運動において、最初大学人の運動だったピューリタニズムが、一般大衆の中に浸透し、民衆の運動となりだすのである。この転向は、ピューリタン運動の強靭な永続力を生み出し、王政復古（一六六〇年）以後も優に生きつづけるものとなした。

しかしこの転向にもかかわらず、その間にカートライトも生きつづけたように、ピューリタニズムにおける政治的なものも決して死滅してしまったのではなかった。それは新しい機会がやって来れば、不死鳥のようによみがえってくるのである。

その新しい機会がやってくる。それはエリザベスの死である。これはピューリタン運動に大きなチャンスを与え、ピューリタンに現実的な希望を与えるものであった。というのは、エリザベスは処女王として子がなかったので、彼女の叔母（ヘンリー八世の妹）マーガレットが嫁したスコットランドのステュアート王家から後継者が来ることになり、それがスコットランドのプレスビテリアン国教会のもとに育てられたジェームズ六世だったからである。この王が英国にきてジェームズ一世となる。彼は一五九〇〜九二年のピューリタン弾圧の時、エリザベスにカートライトらのためとりなしの手紙を書いたことさえある。スコットランドはジョン・ノックスの宗教改革により、インターナショナル・カルヴィニズムの線で一国全体がプレスビテリアニズムを受けいれた国である。

千人請願

一六〇三年四月、ジェームズは英国の王冠を受けるため、南へ向かって出発した。その途中、彼は「千人以上」の賛同者の名において提出された請願書を受けとった。これがいわゆる「千人請願」とよばれるものである。

いとも慈愛深き、恐懼しまつる主上よ、陛下を正当な権利にしたがいこの英国の教会と国家の平和なる支配へと推戴しまつるは、上なる神の喜びたもうところ、かつすべて善良なるキリスト者の大いなる慰めとなるところと知るゆえに、わたしたちこの国における福音の奉仕者たちは、教会における人民の一致に悪影響を及ぼす者としてではなく、また国教会の解消を目的とする分裂主義者としてでもなく、キリストの忠実な奉仕者として、また陛下の忠良なる臣民として、教会の種々なる悪弊の矯正を切望し、われらの神に対する服従、陛下への奉仕、神の教会への愛において、気高き陛下にわたしたちの特別の嘆きをお知らせすることなしにはおれないのであります。というのは陛下おんみずからお書きになられていますように、「国王は良い医者として、治療をはじめる前に、自分の患者が本来どのような病気を起こしやすい体液質であるかを、まず知らねばならない」からであります。宗教改革を懇願するわたしたち種々な者たちは、以前は時勢を尊重して、祈禱書に同意しましたが、ある者は抗議のうえで、ある者は彼らに与えられた説明に基づいて、またある者は条件付きで、そうしたのであります。それはわたしたちの働きや聖務《ミニストリ》が、教会から除外されるよりはよいと考えたからであります。しかしながら今は、陛下の臣民にして聖職にある千人以上の者たちは、みな人間がつくった儀礼や儀式というひとつ共通の重荷の下にうめき苦しみつつ、ひとつ心をもって陛下の足もとにへりくだり、この点において緩和と軽減とを心から願うものであります。

こういう書き出しで彼らは、教会の礼拝様式、聖職者問題、教会規律などについて、矯正さるべき諸点、つまりピューリタンが最初から問題にしていた祭帽、サープリス、結婚指輪、教会音楽などを列記し、それらの諸問題の検討と解決のため会議を開催することを請願した。

そして最後にジェームズの心を動かすような言葉で、彼らがどんな思いで王の到来を待ち望んでいたかを言いあらわした。

神はこれらの病いからわたしたちをいやす医者として陛下を任命されたと信じております。そしてわたしたちは、エステルにこう言ったモルデカイと共に申します。「あなたがこの国に迎えられたのは、このような時のためでなかったとだれが知りましょうか」と。

これは請願文のモデルと称して過言でないような文章である。それのみならず、エリザベス時代末期のピューリタンの状況もここにきわめて鮮明にえがき出されている。

彼らは、英国国教会にコンフォーム（服従）しながらも、国教会の礼拝様式などが神的設立でなく人間的作成であるという判断をまげず、同時に自分たちが決して分裂主義者ではないと主張している。この請願の最後のところでも「秩序破壊的な革新を求める者ではなく、正しい神的な宗教改革を求める者」であると述べ、アングリカンが吹聴しているような秩序破壊的革新主義者でないことを明らかにしているのである。

国王はこの請願を受けいれ、次の年の一月、ハンプトン・コート会談が開かれることとなった。国王は来たるべき会談では、大主教・主教らアングリカン代表とピューリタン牧師代表とが、対等に論じ合うような会議を許可した。

しかしこの許可は、よく考えてみると、途方もない決定といわねばならない。近代のアングリカンの教会史家ワトソン*の言葉を借りれば、「それは誤った処置であった。というのはそれは、彼は弾圧しようとした一派の公的承認であったからである」。エリザベスの治下では、アングリカンとピューリタンは対等であり得なかった。大主教や主教は、ピューリタンを弾圧し裁判し処罰した側である。それが新しい王の前で対等に論じ合うということは、アングリカンの側の権威失墜、ピューリタン派の存在の公的承認を意味する。

カンタベリー大主教ホイットギフトは死に近い老境にあったが、この決定に大きなショックを受けた。ところが、その後会談開催までの数ヵ月の間にアングリカンは、この王の決定がいかに重大な誤りであるか、そしてピューリタンは外面上の穏和さにもかかわらず、結局英国の教会制度を根本から顛覆する意図をもっていることを、王に説得することに成功した。この数ヵ月間は、アングリカンとピューリタン双方から文書による宣伝や請願の戦争がくりひろげられた。その文書戦争に老カートライトも参加したのである。

「ノー・ビショップ、ノー・キング」

最初この会談は一六〇三年十一月に開かれる予定だったが、ロンドンに流行病が発生したため、次の年の一月十二日から十八日まで、ロンドンから南西二十四キロのところにある王宮ハンプトン・コートで開かれることになった。この数ヵ月の間にジェームズは自分の決定の軽率さをさとり、会談の模様をかえてしまった。それは最初期待されたような対等な討

ジェームズ一世

論という形ではなく、最初アングリカンの代表を招き入れ、王と会談し、次に別個にピューリタン代表が同様な仕方で会談するという方法であった。しかも、ピューリタンの会談のときは、バンクロフトとビルソンという二人のアングリカンの主教が陪席し、ピューリタンの主張に容喙《ようかい》することが許されたのである。

アングリカンとの会談は一月十四日だった。代表者はカンタベリー大主教ホイットギフト、ロンドン主教リチャード・バンクロフト、ダラム主教トビー・マシュー、ウィンチェスター主教トマス・ビルソンら多数。まずジェームズ一世はアングリカン代表を前にして一時間あまりの演説をぶち、「宗教は国家の魂、統一は宗教の生命である」と論じた。それから宗教改革以来経てきた諸段階をのべ、エリザベスの功績をたたえた。こうして会談にはいった

＊E. W. Watson, *The Growth of Organization in the English Church*, London, 1929, *The Church of England*, OUP, 1950 などの著書がある。

が、アングリカン代表が当初いだいた不安はすでに一掃されていた。

次の日は日曜日で、その次の月曜日十六日、ピューリタンとの会談が行なわれた。代表はわずか四人である。はじめはカートライトを代表に加えるつもりだったが、彼はこの会談を待たず、またその挫折をも知らず、*一六〇三年十二月二十七日死去したため、それは果たせなかった。しかしこの四人は、バンクロフトによって「カートライトの学者たち」とよばれていた。

ピューリタン代表のスポークスマンはジョン・レノルズ博士で、彼はピューリタンと言っても穏健派だった。彼は「千人請願」に列記された諸点についてのピューリタンの改革の要求を説明した。アングリカンの二人の陪席者はしばしば口をさしはさんだ。国王は、もしこれらの諸点が明白に聖書に違反するものでなければ、彼はイングランドに騒乱をおこすためにやって来たのではないから、合法的に制定されたものとみなされるものはそのまま承認するという方針を明らかにした。会談の最大の焦点であるプレスビテリアン制度の問題に至ったとき、国王は自分のスコットランドでの経験をとりあげながらピューリタンの主張を軽くあしらい、最後にその要求を一蹴してしまった。そして彼は有名な一句を発した。「主教なければ国王なし」(“No Bishop, No King !”)

再度の挫折

これはジェームズとアングリカニズム、さらにステュアート王朝とアングリカニズムの結合の宣言であった。「千人請願」は、プレスビテリアニズムを国教とするスコットランドの王ジェームズを迎えて、ピューリタンの年来の希望を達成せんとしたものであった。北王国スコットランドにおいて達成されていたステュアート王家とプレスビテリアニズムの結合を、南王国イングランドにおいても実現するということであった。ところがここでピューリタニズムはまたもや挫折を経験するのである。

ピューリタン代表のひとり、ケンブリッジ大学エマニュエル・カレッジの学長ローレンス・チャダートン（前章のウィリアム・チャダートンと混同されないように）は、この会談によって彼のカレッジをアングリカン礼拝様式に服することを強制されて帰ってきた。エマニュエルは、カートライト時代のトリニティやセント・ジョーンズにかわり、新しくピューリタン運動の中心となったカレッジである。ケンブリッジではその当時もっとも新しいカレッジで、ウォルター・ミルドメイ卿の寄贈によって一五八四年新設された。チャダートンはその学長に選ばれ、カートライトと親交をもち、彼をしばらくぶりでケンブリッジに説教に招いたこともあった。また、これからしばしば登場するバンクロフトと学生時代に関係があり、「タウン・アンド・ガウン・ファイト」（市民と学生のけんか）の時、彼はバンクロフトの生命

＊ハンプトン・コート会談が一六〇四年一月に開催され、カートライトも出席者の一人に予定されていた。カートライトは会談を前に事前に王に挨拶に行ったところ、ひどく扱われたという。すなわち、王に「何だと。お前がカンタベリー主教にそむいて書いた者か」と言われると、「正直なこの人は、この叱責を非常に重く止め、改革の希望がなく、むしろあらゆる悪弊が確固となることを予見し、会談がもたれる前にこの世を去った」（Calderwood, vi, 235-236）。A. F. Scott Pearson, *Thomas Cartwright and the Elizabethan Puritanism*, 1925, p. 390 より。

を救ってやったこともあり、そのころホイットギフトの片腕となってピューリタン弾圧の巨頭となったバンクロフトも、チャダートンのエマニュエルにはなかなか手を出せなかった。だからエマニュエルでは創立以来、サープリスの着用はなく、聖餐式もアングリカン式にひざまずかず、坐したままで聖餐を受けるという、ピューリタン的行き方を守りうる別天地であった。ここから次の時代のピューリタン指導者がぞくぞく輩出した。アメリカに渡りニューイングランド・ピューリタニズムの指導者となったジョン・コットン、トマス・フッカーらはここの研究員《フエロー》であった。ハーバード大学にその名を残したジョン・ハーバードもここの出身であった。コングリゲーショナリズム（会衆主義）の祖のひとりウィリアム・ブラッドショーもここを卒業した。このようなピューリタン・カレッジが、ハンプトン・コート会談でアングリカンにコンフォームすることを強制されたのである。これは、ピューリタンの期待がいかに裏切られたかを示す一例である。

それではこの会談で、ピューリタンは何も得るものはなかっただろうか。

欽定訳聖書

そうではない。この会談でピューリタンが得た収穫は、ひとつあった。それはのちに欽定訳（オーソライズド・ヴァージョン）とよばれる聖書の新しい英訳の作成のことである。バンクロフトはこれに反対した。しかし国王は新しい英訳聖書の決定版をつくることを承認した。だからこれは「キング・ジェームズ・ヴァージョン」ともよばれるのである。これはピューリタニズムにとって象徴的なことと言わねばならない。ここでピューリタンは教会を得ることはできなかった。聖書のみを得たのである。しかしこれは「千人請願」にかけられた大きな希望に対してはまことに小さな収穫と言わねばならない。

ハンプトン・コート会談の失敗は、ピューリタン運動にとっては大きな打撃であった。四人の代表が国王を説得して英国国教会をピューリタンの理想に従って改革するという希望は達成されず、かえってアングリカン礼拝様式に服従させられて戻ってきた。しかも代表のひとりトマス・スパーク博士は、一六〇七年に『一致と礼拝様式統一への兄弟としての説得』という書を刊行し、公然と服従《コンフォーミティ》の立場へと転向していった。こうしてピューリタン内部にはまたもや、服従か不服従か、という問題がひき起こされ、分裂するのである。

ピューリタンと普通法学者《コモン・ローヤー》との結合

ジェームズ一世の政治思想　ハンプトン・コート会談はアングリカンの勝利に終わったが、その席上、ジェームズが「主教なければ国王なし」と宣言するほどに、アングリカニズムとの結合を果たしたのは、ただ単にアングリカン側の政治的努力だけでは理解できないことである。それにはもっと深い思想的背景があった。ジェームズの政治思想が、アングリカンの政治思想と接着力をもっていたのである。

ジェームズは英国王となる五年前（一五九八年）、スコットランドにおいて『自由王制の真の法あるいは自由なる王とその自然的臣民との間の相互互恵的義務』という長い題の政治論文を出版した。これはきわめて重要な内容をふくんでいる。「自由なる王」とは、王が欲することは何でもなしうる自由をもっているということである。「自然的臣民」とは、臣民が王に服従することは自然なことであって、逆に言えば、王の自由な行為に反抗することは不自然な行為だという意味が含まれているのである。「自由なる王」の権力を、ジェームズは、王の存在があらゆる制度のうちで歴史的に最初の存在であるという歴史解釈をもって主張した。最初の王が彼の家臣と共にスコットランドを征服して支配を樹立し、法律はそのあとに公布されたという事実から、それを一般化して、法律と国家が先に存在し国王はそれを守ることを契約することによって王として受けいれられたとする契約理論を否定して、「それゆえ、必然的に次のようになる。国王が法律の著者であり作者であって、法律が国王の作者ではない」と断定した。

また「自然的臣民」の理論づけは、国王と臣民の関係を、父と子の自然的秩序の類比で理解することによって規定する。「自然の法則によって国王はその即位式において彼のすべての臣民に対し自然的父となる」。国王が自然的父であり、臣民が自然的子のような存在だと見なされているのである。

このような見方はあのバートランド・ラッセルが指摘したように、日本では明治維新以後発生したものであり、戦前を知っている者には親しみある理論である。明治前期に天皇絶対主義を鼓吹した東京大学総長加藤弘之は、「吾が邦の君臣は真に一家親子の関係を有するものにして支那又は欧州の君民の比にあらず、人君は専ら仁を以て下に臨み臣民は専ら忠を以て仕ふるものと云ふべし。是れ即ち世界無比の族長政治にして欧州学者の未だ曾て知らざりし所なり」と言ったが、これは加藤弘之の無知のゆえのことで、この理論はまさにジェームズの政治思想であり、それ以後ピューリタン革命に至るまでずっと英国に浸透した理論なのである。革命時代、国王派のロバート・フィルマーは、『父権論《パトリアーカ》』という書を出版した（一六八〇年）。これをジョン・ロックが彼の『市民政府論』の第一論文で徹底的に批判克服したのであった。

ジェームズは、宗教改革以来安定を失った社会をいかに秩序立てるかという関心をもっていた。それは国王の職責と考えたのである。エリザベス時代のフッカーはそれをトマスの思想をとりいれ形而上学的に解決しようとした。しかしジェームズはそれを政治学的に解決しようとするのである。教皇体制から離れた社会状態においては、国王の権威を強化し明確化し、それによって秩序を確立しなければならないという考えなのである。

ジェームズの理論は、彼の母国スコットランドのプレスビテリアンの政治学とは、全然合致できないものであった。ジェームズの教師であった人文学者ジョージ・ブカナンの『スコットランド王権論』（一五七九年）は、国王と国民との関係の契約論的理解を代表し、人民の主権と専制君主殺しの正当性さえも主張している。ところがジェームズの理論は、イングランドにおいてアングリカンが育成してきた理論とよく接合する可能性をもっていたのである。

ハンプトン・コート会談の前、ヨーク大主教マシュー・ハットンがカンタベリー大主教ホイットギフトに、来たるべき会談の問題に関して書き送った手紙があるが、その中でハットンは、プレスビテリアニズムは民主制と合うが、君主制とは合わないと主張し、そのようなプレスビテリアニズムを英国に導入することの危険を国王は十分注意しなければならないとのべ、そして国王と現行の法律（教会制度）に対する臣民の服従の重要性を説いた。これは会談前のアングリカン首脳間の見解を示しているばかりでなく、国王説得の姿勢をもあらわしている。つまりプレスビテリアニズムは、国王絶対主義には合わないということである。そしてそういう考え方でエリザベスを頭《かしら》としたアングリカン体制をそれまで守ってきたのである。エリザベス自身、ピューリタンを「国王などはなくし、プレスビテリー（長老会）をもとうとする恐るべき結果をもたらすセクト」と見ていた。ジェームズの政治思想の傾きは、アングリカンの方へ流れ込まざるをえないのである。社会の変動が激しくなると、フッカー的形而上学による秩序の保持は効果を失う。その点でジェームズの政治学は、国王という権威的存在を背景にした理論であるため、主張されやすい。「主教なければ国王なし」の宣言は、アングリカニズムの中にジェームズの政治理論の導入を意味するものであった。

バンクロフト

ホイットギフトのあとに登場するアングリカンの指導者リチャード・バンクロフトは、一五四四年九月生まれで、ホイットギフトやカートライトより一世代若い。彼は十七世紀の教会史家トマス・フラーによって「高等宗務官裁判所の魂」と名付けられているが、その立身出世は、ピューリタン批判と弾圧の業績によるものであった。彼は、ハンプトン・コート会談の十五年前、一五八九年二月九日、ロンドンのセント・ポールズ・クロスで激しいピューリタン批判の説教をし、それで一躍有名になった。というのはこの説教の中で彼は、ピューリタンのみならずスコットランドのプレスビテリアンまで批判し、そのためスコットランドとイングランドの国家間のトラブルにまで発展したからである。

彼はその後『危険な立場』および『聖なる規律といつわれる主張の考察』の二書をあらわし、ピューリタニズムを徹底的に批判した。スコットランドのプレスビテリアンの指導者アンドルー・メルヴィルは、バンクロフトに会ったとき、「もし君が『イングランドをジュネーヴ的規律でスコットランド化する云々〔『危険な立場』のこと〕』の書物の著者であるなら、わたしは君を全ヨーロッパ改革派諸教会の最悪の敵と見なし、血の最後の一滴まで、君と君の行き方に敵対することをちかう」と猛烈な敵意をぶちまけた。これはバンクロフトの影響下にある英国国教会とメルヴィルの影響のもとにあるスコットランドのプレスビテリアン国教会の間の根深い敵意を表わすものと言えよう。ピューリタン革命は、最初スコットランドの反抗から火の手が上がった。

このスコットランドの敵バンクロフトは、ハンプトン・コート会談以後のアングリカニズムの指導者となるのである。ホイットギフトはこの会談後間もなく死去し、バンクロフトがその後継としてカンタベリー大主教に任ぜられた。それは一六〇四年十月のことであった。したがって、「主教なければ国王なし」ということは、現実には新カンタベリー大主教バンクロフトと新英国王ジェームズ一世との結合ということになる。しかしそれはジェームズがスコットランドの敵と結びつくことを意味するのである。たしかにメルヴィル派はジェームズによって弾圧され、メルヴィル自身一六二二年亡命先のフランスのセダンで客死し、表面的には完全に沈黙せしめられるが、スコットランドは決してジェームズのアングリカニズムとの結びつきを、自国において肯定しなかった。ジェームズの子チャールズは、愚かにもアングリカニズムの礼拝様式をスコットランドに強制しようとし、それが反抗を招いてピューリタン革命の導火線となり、ついにチャールズの死刑にまで至るのである。ジェームズのバンクロフトとの結合は、彼の子の悲劇の遠因となったのである。ステュアート家はスコットランドから浮き上がる。それではこの主教との結合によってステュアート家はイングランドにはしっかり根を下すことができただろうか。そうではない。ジェームズはイングランドからも浮き上がってしまう。この辺はきわめて微妙な経過であり、また重大な結果をもたらすものであるから、次にその事情をみてみよう。

百四十一条教会法規

ハンプトン・コート会談はアングリカンの勝利に終わったが、同時に、それはホイットギフトのカンタベリー大主教就任以来二十年に及ぶ統一の努力、およびバンクロフトの協力が、必ずしも功を奏していないという事実をも曝露した。この会談後、カンタベリー大主教バンクロフトのなすべきことはすでに明瞭であった。会談の時にジェームズが言ったとおり、「宗教は国家の魂、統一は宗教の生命」である。それを実現するためバンクロフトは百四十一条教会法規と名づけられた大教会法規を発布した。この教会法規はもちろん国王によって承認された。ところがここに驚くべきことが起こった。議会が承認しないのである。

議会の反対は、宗教改革のころの古い法令『聖職服従令』を根拠としたものであった。この法令には、いかなる教会法規も、英国の諸法、諸制定法、諸慣習に反したものは公布されないと明記してある。これはもちろんローマ・カトリックの支配を排除するため、英国の法伝統を盾にとったものである。ところがこれが今やまったくちがった状況に適用された。つまりローマ教皇の教会法規のみならず、カンタベリー大主教の教会法規さえも、英国の法伝統に反するものは、公布できないというのである。具体的には、コモン・ロー（普通法）によって守護されている英国人としての権利が、この教会法規によって危うくされるからという点である。

バンクロフトは貴族院に圧力をかけて通過させたが、庶民院はそれを承認しなかった。にもかかわらず、バンクロフトは、この問題を含んだ教会法規でアングリカニズムによる統一の強化に乗り出した。教会法規違反者は高等宗務官裁判所に引き出され、弾圧された。こうして追放され処罰された者は、ジョン・ブラウン[*]は三百名を越すと見ている。しかしこれは処罰者も含めてのことで、最近の研究では、追放者の総数は八十名か九十名だとしている。それにしてもこれほど大量の処分者を出すこと、しかも彼

＊John Brown, *Pilgrim Fathers*, 1895

らはほとんど英国社会のごく少数の大学卒業者たちであったことは、重大な事件といわねばならない。ロンドン主教管区では十四人追放されたが、内九人は文学士か文学修士、ひとりは神学士、二人は大学研究員だった者である。この粛清は相当なものであった。

管轄禁止令状

ところがその間に大きな紛糾が出てきた。それは高等宗務官裁判所に引き出され取り調べを受ける者が、保護を民事訴訟裁判所（the Court of Common Plea）に求めたことによって現実化してきた。この法廷は伝統あるコモン・ロー法廷である。コモン・ローヤーとよばれる、英国固有の法であるコモン・ロー（普通法）にたずさわる法律専門家たちは、高等宗務官裁判所の裁判を不快に思っていた。裁判の手続きも、コモン・ローの伝統的な訴訟手続きを踏まず、「エクス・オフィキオ宣誓」とよばれる宣誓だけにたよる尋問で、いかにも素人の自分勝手な裁判と見ていた。そこでコモン・ロー法廷はピューリタンに援助の手をさしのべたのである。その援助の手段となったのが、「管轄禁止令状」（the Writ of Prohibition）とよばれる令状送達である。ある法廷がその管轄外の事柄にわたる問題を取り扱うとき、それを禁止する令状である。コモン・ロー判事がこの管轄禁止令状を出すと、教会法判事は、それが教会法の管轄外の事柄を含むものとして、裁判が継続できなくなるのである。高等宗務官裁判所はこの管轄禁止令状によって大いに妨害されはじめた。

バンクロフトは教会法規を強制し統一を実現したいわけである。そのためには高等宗務官裁判所を大いに働かせねばならないのだが、そうすればするほど、彼はピューリタンだけでなく、その背後にあるコモン・ローヤーとの対立に引き込まれていくのである。しかもこの対立の中に彼の背後にある国王をも引き入れるのである。というのは彼は高等宗務官裁判所を守るため、さらに国王の大権を強調し、そこに彼の行為の法的根拠を求めるからである。彼の理論はこうである。国王は彼自身のうちに教会的と世俗的との両方の司法権をもっている。高等宗務官裁判所はこの国王の大権によって設置された法廷であり、それゆえ、それに対し世俗的法廷が管轄禁止令状を濫発することは、国王が教会に対してもつ大権に対する侵害であり反抗である。バンクロフトははっきり言う、「教会的事柄に関する国王の権威は、管轄禁止令状によって大いにそこなわれている」と。

しかし、この種の議論では法律家の方がうわ手である。民事訴訟裁判所も国王の法廷であり、われわれはなすべきことをしているだけだ、それをしてはいけないというのは僭越だと反論した。

エドワード・クック卿

この時代のコモン・ローヤーの代表者は、民事訴訟裁判所首席裁判官エドワード・クックであった。クックはバンクロフトの敵として台頭した。それはさらにクックとジェームズ一世との対立となる。

ジェームズ一世は、管轄禁止令状問題の解決のため、一六〇九年七月六日、ホワイト・ホールにおいて、検事総長ヘンリー・ホバート卿、検事次長フランシス・ベーコン卿、民事訴訟裁判所首席裁判官エドワード・クック卿ら斯界最高首脳を集めて会議を開いた。このベーコンは哲学者として有名なベーコンである。人間としてはあまり感心できない人物で、政治的にも国王絶対主義の立場を守り、国王にお世辞を言いながら立身出世するタイプの人間であった。クックとベーコンはライバル同士で、ベーコンが熱心に求婚しつづけた裕福な夫人エリザベス・ハットンを、クックが後妻として迎えたこともからんでひどく仲が悪かった。ジェームズとクックの論争がおこるとベーコンは国王に味方し、大いに反クックの活動をした。

さてこの会議は何の決着も見出せずに終わり、二年後に第二回目が行なわれたが、そこでも対立はとけなかった。

この二つの会議で国内に重大な意見の対立が起こりつつある時、それをいっそう悪化させ、議会をも国王と教会の敵にまわすような役割を果たす事件が起こった。それはバンクロフトの後援のもとにケンブリッジの民法学者ジョン・コーウェル博士が書いた『インタープリター』という一書の出版（一六〇七年）である。彼はそこで英国王は絶対君主であり、議会の上にある存在で、あらゆる実定法の上に立ち、国王を法に服せしめたり、法によって束縛したりすることはできない、そのようなことは絶対君主制の本質と構造に反すると主張した。この主張は、実はジェームズの理論のくりかえしにすぎない。しかし議会はこの書を大きく問題にし、議会の命令によって没収され禁書とされた。これはジェームズの身代りのようなものである。議会はコーウェルにおいて、あの『自由王制の真の法』における国王絶対主義を否定したと言って過言でない。ジェームズが国王の大権の強化により秩序を確立しようと思ったまさにそのことが、英国社会の秩序の動揺を生み出したのである。ジェームズは「最も賢明な馬鹿者」（the

Wisest Fool）とあだ名されているが、そのあだ名は実に適切である。議会と国王の対立、これはエリザベス時代にはなかったことであった。

本章では歴史的事実の観察に長くとどまったように思う。ここでこの一連の出来事にひそむ意味を考えてみよう。ハンプトン・コート会談の挫折はピューリタンに内的分裂や大弾圧という問題をもたらしたが、そのようなネガティヴな面だけでなく、ポジティヴな面で重要な転機をもたらしたことは注目にあたいする。エリザベス時代のピューリタン運動は、外来思想として英国国教会の中にかみ合わない、上滑りしがちな傾向をもっていた。しかしこの弾圧に対する英国人としての権利を守る闘争の中で、ピューリタニズムは英国社会に土着するきっかけをつかんだ。もちろんピューリタニズムは完全に土着の思想になり切らない本質をもっている。しかしこの時点でピューリタニズムは、もっと英国社会の実質にかみ合うものをもつに至ったのである。

バンクロフトは国王絶対主義を肯定して国王と結びつきながら、そもそも「外国人」であるジェームズを英国の法伝統や議会との対立へ導いていき、王を英国社会から浮き上がらせてしまうのである。ハンプトン・コート会談の前、ホイットギフトはジェームズが「この教会のことを知らない」と嘆いた。しかしとにかく国王はアングリカニズムと結びついた。ところが今度は、クックから「陛下は自分の国であるイングランドの法なるものを学ばれていない」と批判される。この批判はジェームズとコモン・ローヤーとのいやされない対立を表現している。こうして外国人王ジェームズのほうがイングランドに土着できないのである。しかしこれはステュアート王朝の問題にとどまらない。ステュアート王朝と結びつきを求めて行ったアングリカニズム自体が、徐々に英国社会から浮上しはじめるということをも意味し、それはきわめて深刻なアングリカニズムの問題となるのである。

バンクロフトはピューリタンの改革の要求を英国の「ジュネーヴ化」とか「スコットランド化」と断定し、それを外国的理念として排撃した。ところがアングリカンの弾圧のもとに説教運動に転じ、民衆の中へと浸透することを求め、民衆の宗教と化しつつあるピューリタニズムの面前で、こんどは逆にアングリカニズムがこの外国人王との結合によって英国的基盤から、離れ浮き上がり出す。

ピューリタンはバンクロフトの弾圧に苦しみながら、皮肉なことに、英国の法伝統の擁護者であるコモン・ローヤーと結びついていくのである。この法伝統は英国の歴史に深く根をおろしており、それゆえそれは英国史と絡み合っている。それがピューリタニズムと結びつきはじめるのである。反対側でバンクロフトが、スコットランドから来た王をアングリカン化することに成功しつつ、逆にこの王と共に、英国のもっとも良き遺産である議会や法伝統と真向から対立する状態へと動いていくことに対応した変動である。ピューリタンは、ハンプトン・コート会談に失敗して、かえって思わざる可能性が眼前に開かれたのである。一方で説教運動を通して人民との結びつきを深めつつ、他方では議会、コモン・ローといった英国の重要な制度や伝統と結びつきが可能となった。この変動で英国社会におけるピューリタン運動はそれまでにない有利な地点に立つことになるのである。

エリザベス時代のピューリタンの思想は純粋な聖書主義であった。ところがこのコモン・ローヤーとの結合を契機として、ピューリタンの歴史的世界観の中に、英国的法意識や英国史の見方が導入されてくるのである。その英国史の見方は、クリストファー・ヒルが『ノルマンの軛《くびき》』（紀藤信義訳、未来社　一九六〇年）で紹介しているような歴史観で、必ずしも一定の形にまとめ上げることはできないが、だいたい次のようなものである。一〇六六年のノルマン征服以前には、英国にはアングロ・サクソン住民が、代議制度を通じてみずからを統治する、自由にして平等な市民として生活していた。ノーマン・コンクェスト（ノルマン征服）は彼らからこの自由を奪い、外国から来た王たちは専制政治をしいた。しかし人民は失われた権利をとり戻すためにたたかった。それはマグナ・カルタのような勝利を得た。このような戦いがずっと続けられている。以上のような歴史観が、聖書的歴史観の中にはめ込まれてくる。そしてノルマン・コンクェスト以前の時代は、聖書の堕罪以前のパラダイスの時代と微妙に同一化されてくるのである。

この結合によってピューリタンの聖書的な歴史的世界観は、英国社会の実質にかみ合ってくる。この結合の中から一六四〇年代の革命思想が生み出されてくるのである。これはユニークな思想の土着である。それは単なるナショナルなものとの妥協ではない。ナショナルなものを媒介とし革命を起こすような仕方での英国社会とのかみ合いなのである。第四章にのべる革命的ピューリタン、ジョン・リルバーンは、右手に聖書、左手にクックの『インスティテュート』（『法学綱要』）をもって英国人の権利を主張する。これはこの時代におけるピューリタンとコモン・ローヤーの結合から生まれたピューリタンの新しい姿なのである。

Ⅲ　有機体社会から契約社会へ――ピューリタン社会の形成

メイフラワー契約

アメリカ建国物語

ピューリタン運動がアメリカ建国物語と関係があることを知っている人は多いだろう。その冒頭をかざる物語はピルグリム・ファーザーズ（「旅人なる父祖たち」）の移住である。わずか一八〇トンの帆船メイフラワー号に乗り、一六二〇年の秋、波荒い大西洋を横断して、ピルグリム・ファーザーズは新大陸に渡った。この物語はピューリタンの歴史の中では、クロムウェルの革命と共に、世界に最も良く知られた一章であろう。この物語はしばしば美談化され、神話化されて伝えられてきたが、今日なおアメリカ人の精神を鼓舞してやまないものをもっている。今日のようにアメリカが強大化し、その行動が世界史的意味をもつようになったとき、アメリカ人の精神の性格を形造るのに何らかの仕方で貢献しているこの物語と、その中にひそむ意義とを、正しく理解することは必要であろう。逆に言えば、アメリカの強大化によって、ピルグリムの物語、および彼らの理念は世界史的な意義をおびるに至ったと言うことができるであろう。

この出来事は、一六二〇年九月六日、メイフラワー号がプリマス港を出航し、十一月上旬新大陸岸に到着、十二月六日上陸に至るまでのことである。上陸まで一ヵ月もかかったのは、上陸地点の発見のためである。それは今日のようなアメリカではない。未開の荒地なのである。彼らはボストンの近くのケイプ・コッド（今日のプリマス）に上陸した。これは現代で言えば南極大陸へ行くのに匹敵するだろう。いや、それ以上の危険と不安とにさらされていたのである。

わたくしはこの出来事をピューリタン運動のコンテキストの中で理解しようと思う。というのは、この出来事は、とくにハンプトン・コート会談後のピューリタン運動がひき受けねばならなかった運命を、劇的に表現したものという性格をもっているからである。

この出来事の背後に働いていた、それを生み出す〈必然性〉にまず目を向けてみよう。

ピューリタン運動の分裂

ジェームズ一世は「わたしは彼ら〔ピューリタン〕を服従《コンフォーム》させてやる、さもなければこの国から追払ってやる」と言った。ハンプトン・コート会談後のピューリタンはこの圧迫のもとにおかれた。ジェームズ＝バンクロフトの政策は、エリザベス＝ホイットギフトのそれよりも、もっと硬直した弾圧政策であった。もちろんこの政策は前章でのべたように、予期しない方向からブレーキをかけられはしたが、しかしこの圧迫に直面してピューリタン運動は、深刻な内的分裂の危機に見舞われた。

それはハンプトン・コート会談の代表者たちにあらわれた穏健派の行き方と、それに反撥した主に若い世代の急進派の行き方との分裂である。

ピューリタン運動は、エリザベス時代においても十分に党派としての組織が出来ないでしまった。それは地下運動がバンクロフトによって効果的に弾圧されたことにより、またカートライトが、学者であって組織家でなかったことによる。しかしそれにもかかわらず、トラヴァーズの書いた『規律の書』を共通の立場として、いわゆる〈プレスビテリアニズム〉で一致していた。もちろんその間に分裂がおこり、いわゆる〈分離派《セパラティスト》〉または〈ブラウニズム〉とよばれる、カートライトの学生の一人だったロバート・ブラウンの一派が主流から分かれた。しかしこの分裂は、ピューリタンの主流を深く脅かすものとはならなかった。主流はそれから自己を区別し、〈ブラウニズム〉を否定してきた。

ところがこんどの分裂の危機は大きい。この分裂の結果、ピューリタニズムの中から〈コングリゲーショナリズム〉とよばれる新しい教会形成の立場が台頭し、この行き方がそれまでのピューリタン運動の主流である〈プレスビテリアニズム〉に対立するようになるからである。エリザベス時代のピューリタニズムについては、〈ピューリタニズム〉イコール〈プレスビテリアニズム〉と言ってよいが、これからはこの単純な規定ではピューリタニズムをとらえることはできなくなるのである。この時代、今日われわれが〈コングリゲーショナリズム〉とよんでいるグループは、他の諸派とともに「独立派《インデイペンデント》」とよばれていた。コングリゲーショナリズムというのは、日本では「会衆派」(「コングリゲーション」とは「集り」を意味する)、「会衆教会主義」などと訳されているが、日本でこの流れを汲むプロテスタントは、「組合教会」と称している。これは新島襄によって設立された同志社の系統である。

ハンプトン・コート会談の代表ローレンス・チャダートンの門下生、つまりエマニュエル・カレッジ出身者の有能な青年たちが、ほとんどコングリゲーショナリズムのチャンピオンとなっていったことは、興味深い。ジョン・コットンやトーマス・フッカーは、アメリカ建国物語に登場する人物である。そしてニューイングランドは、コングリゲーショナリズムによる神政政治の社会となったのである。

さて、この時代の不服従派《ノンコンフオーミスト》の運命は、国外脱出ということである。第一章の終わりでピューリタニズムがとりうる三つの可能性をあげたが、その第二の道である。この時代の研究家にとっては有名なピューリタン神学者ウィリアム・エイムズ(ラテン名はアメシウス)も、このころ国外脱出した人である。エイムズはコングリゲーショナリズムの祖のひとりと言われ、ピューリタニズムにおける最も傑出した組織的思想家で、彼の二つのラテン語の著作『神学の真髄』と『良心論』はヨーロッパに広く影響を及ぼしたものであり、英訳されて英国やニューイングランドのピューリタンにとって権威的なものとなった。エイムズは、ケンブリッジのクライスツ・カレッジでパーキンズの教授を受けた人で、パーキンズの愛弟子であるが、パーキンズよりもはるかに徹底したピューリタンとなり、ハンプトン・コート会談後のアングリカン礼拝様式の強制に反抗し、サープリス着用を拒否して、ついにケンブリッジを去り、オランダに渡り、フラネカーの教授として大陸におけるカルヴィニズムの代表者となった。最近、ヘーゲルやマルクスの歴史哲学の源流とみられる契約神学（その中には世界史的思弁がある）の祖の一人として学者の間に関心をもたれてきたヨハネス・コクツェーユスは、フラネカーでエイムズの弟子であった。エイムズの脱出《エクソダス》は個人的行為であるが、それはジェームズ治下のピューリタン急進派の運命を表現している。

ピルグリムの脱出

それにくらべ、ピルグリム・ファーザーズの中核的母胎となった一群の人々の脱出は、エイムズのような学者個人の行為とちがい、一般の信者たちを含んだ集団的行為であるという点で、意義深いものがある。というのはそこにピューリタニズムのひろがりとその内的結合の強さとがあらわれているからである。それは説教運動の効果である。ピューリタニズムはインテリ宗教から抜け出て、民衆の中に浸透しているという事実がそこに出ている。

このグループはイングランド東部リンカンシャーのスクルービという小さな村の信者たちである。このグループが、一六〇八年春、オランダへの脱出を敢行したのである。ピルグリム・ファーザーズの新大陸移住は、それから約十年後のことで、その中核になったのが、このスクルービの信者たちであった。

このグループの指導者であった牧師は、ジョン・ロビンソンという名で、やはりケンブリッジでパーキンズの教えを受けた人である。彼は一五七五年ごろ生まれ、一五九二年にケンブリッジのコルプス・

クリスティ・カレッジに入学し、パーキンズの説教をきいて回心を経験し、熱心なピューリタンになった。彼はハンプトン・コート会談後の弾圧で追放されたひとりである。

こういう追放者を受けいれるピューリタン集団があった。それがスクルービの村に非合法的集会をもっていた信者の集り（コングリゲーション）であった。この信者の集り《コングリゲーション》は、最初近くの町ゲインズバラに発生した同様な信者の集りのブランチであった。ゲインズバラの信者の集りは、同じ追放者のひとり、ジョン・スミスが形成したものである。ロビンソンはこのスクルービのコングリゲーションの牧師となったのである。このコングリゲーションの姿は、日本の無教会の集会、たとえば矢内原忠雄の集会、塚本虎二の集会、というものに非常に類似している。まただいたいにおいて日本のプロテスタント教会も同じ性格をもっている。広い意味でコングリゲーショナリズムなのである。

スクルービのコングリゲーションには中心的人物がいた。それはスクルービの郵便局長ウィリアム・ブルースターとその年若い友人ウィリアム・ブラッドフォードである。この二人はのちにメイフラワー号でピルグリムの指導者となってアメリカに行くのである。こういう信仰的中心人物によって形成された信者の集りに、ロビンソンは迎えられ、この集会で説教し指導した。集団的脱出は個人的脱出よりはるかに困難な行為である。明確な自覚と強固な団結とがなくては不可能な行為である。スクルービの人々をそこまで結合させたのは、ピューリタン信仰だったのである。

バンクロフトの政策は、このような集会を許さなかった。この集会にも弾圧の手はのびた。スクルービの人々は、信仰の自由を求めて、故郷を捨て、オランダへ脱出した。彼らの脱出の計画は一度失敗し、その指導者ブルースターは投獄された。しかし二度目は、惨憺たる成功であった。オランダ船との約束の時間が合わず、乗船や積荷の途中に官憲が追いついた。家族は一方が岸に残ったまま、荷物も積み終わらない状態。夫と妻、親と子が別れ別れになって、オランダ船はいかりを上げ、海に出て行った。これはまったく悲惨な情景である。

ピューリタニズムは人間をエミグレにする。カートライトのみならず、ふつうの田舎の人間、男も女も、「ピルグリム」(旅人)になっていく。このことは元来定住的な日本人には容易に理解できることではない。高坂正堯氏が日本は「島国」から英国のような「海洋国家」にならねばならない(『海洋国家日本の構想』中央公論社、一九六四年)と言うその転向には、精神的な深層における転回がなくては不可能なのではないだろうか。島国に閉鎖的に定住しているのではなく、広い大洋に漕ぎ出していく、それは人間の存在それ自体が〈エミグレ〉となることではないだろうか。〈エミグレ〉よりも〈ピルグリム〉の方がピューリタンの生をあらわすのに適切である。なぜならエミグレは外からつけられた名前だが、ピルグリムは彼らが内から自覚した名称だからである。ピルグリムはふつう「巡礼」と訳されている。しかしもし「巡礼」が自分の家を本拠として、札所《ふだしょ》を次々にまわり、結局自分の家に戻るのであれば、ピューリタンのイメージとはちがう。ピルグリムは出て行き、戻らない。つまり直線的な進行である。

この背後には、ピューリタンが愛読し、自分たちをそれになぞらえて考えることを好んだ旧約聖書のアブラハムの物語が立っている。創世記一二章にこういう記事がある。

時に主《しゅ》はアブラム〔アブラハム〕に言われた。
「あなたは国を出て、親族に分れ、父の家を離れ、わたしが示す地に行きなさい」
アブラムは主が言われたようにいで立った。

このことは聖書を貫いて記憶され、新約聖書のヘブル人への手紙に受け継がれ、

信仰によって、アブラハムは、受け継ぐべき地に出て行けとの召しをこうむった時、それに従い、行く先を知らないで出て行った。

と書かれてある。ヘブル人への手紙はピューリタンが聖書の中で最も好んだ一書である。アブラハムが最初の〈ピルグリム〉なのである。

スクルービの村人が「旅人」になるということは、その背景に、あの中世から近代への大きな社会変化の動きを見ることなしに、その真の意義をとらえることはできない。中世社会は、一般の村人が「旅人」になるというようなことは考えられなかったし、許されなかったことなのである。彼らは定住して

いた。そして移住は禁じられていた。彼らは植えられた樹木のように、先祖代々、村の同じ光景を見まわして生きていた。エミグレやピルグリムの発生は、宗教改革以後のことであり、しかも村人までがピルグリムになるのは、ピューリタニズムにおいてはじめてのことである。

ピューリタンの場合、ピルグリムになるということが、単に外的条件からだけでなく、精神的な内面から来るものであるということは、時代は下るが、バニヤンの『天路歴程』をみればよく分かることであろう。その原題は『ザ・ピルグリムズ・プログレス』であり、直訳すれば、『旅人の前進』ということである。人間の「故郷喪失」を嘆かない、むしろ故郷を捨てて出て行く。なぜならピューリタンはあのヘブル人への手紙に従って人間の真の故郷は天にあると信じていたからである。この信仰は、中世社会の崩壊のあとの近代世界に生きる人間にとって、むしろ深い精神的妥当性をもっているのではないだろうか。現代人の「故郷喪失」は深い精神的な問題だからである。

メイフラワー号

さて、話をもとに戻さねばならない。スクルービの人々は涙と祈りをもってこの大冒険を企て、目的地オランダに着いた。その当時のオランダは、ヨーロッパ世界唯一の自由の地であった。オランダは一五七九年にネーデルランド七州を合併した共和国を建設し、カトリックの大国スペインから一五八一年七月に独立を宣言し、オレンジ公ウィリアム（オラニエ公ウィレム）が元首となり、プロテスタンティズムに基づく信仰の自由を保障する政策をとった。そのためヨーロッパ各地で信仰の自由を求める人々にとっても恰好の避難地であった。彼らは約一年アムステルダムに住んだあと、ライデンに移住した。そこで織物工や大工や石工や鍛冶工などの手工業に従事した。

しかし彼らはライデンにも永住する気持になれなかった。こうして最後に、新大陸アメリカへの移住が企てられたのである。このグループが全部いっしょに移住したのではない。それはふた手に分かれ、先発としてブルースターやブラッドフォードのような主として壮健な人々が行くことになり、牧師ロビンソンは残留した。ロビンソンはついにアメリカに行くことなしに、それから五年後（一六二五年）ライデンで死んだ。しかし彼の妹キャサリンは、プリマス植民地の初代総督となるジョン・カーヴァーの妻として、この先発隊に加わった。

スクルービの人々はまたもや別離の悲痛を経験しなければならない。旅人的生には別離の悲痛は避けられないことである。

ブラッドフォードの記録である。（訳文は石原兵永氏の『清教徒』山本書店、一九六三年による。以下同じ）

その朝（一六二〇年七月二十二日）、風はおだやかで、一同は甲板にあつまった。あの兄弟たちもいっしょに。そして、何という悲しい別れの光景よ！　嘆息、すすり泣き、祈り、涙、肺腑にしみわたる短い言葉など、波止場に立つオランダ人たちまでが、この光景に涙を禁じ得なかった。そこにあふれている純粋なる愛情の表現をみて感動したのである。

しかし海の潮（それは人を待たない）は別れを惜しむ人たちを促した。そこでロビンソンは一同とともにひざまずき、ほほを涙にぬらしながら、最も熱き祈りをもって、彼らすべてを神とその祝福とにゆだねた。それから、もういちど互いに相擁して、多くの涙をもって別れた。それは彼らの多くにとっては、最後の別れとなったのである。

メイフラワー号

彼らはいったん英国に立ち寄り、準備をととのえてから、新大陸に向かう計画であり、スピードウェル号という小さな船で英国に戻った。ここで一言つけ加えておかねばならないのは、一六二〇年ころの英国は、バンクロフトが一六一〇年に死んでその後任のカンタベリー大主教アボットがピューリタンに対し温和な政策をとったため、彼らは正式な移住の許可も貰うことができ、また大西洋横断の準備もそこでできるような状態になっていたということである。はじめはメイフラワー号とスピードウェル号二隻に分乗して行くわけだったたが、スピードウェルが故障したため渡航の人数も制限してメイフラワー一隻で行くことになったのである。同乗者は一〇四名で、全部がピューリタン信仰者ではなく、ピューリタンたちは「聖徒たち《セインツ》」とよばれ、男一七、女一〇、子供一四、計四一名、それ以外の同乗者は「外部の人たち《ストレンジャーズ》」とよばれ、男一七、女九、子供一四、計四〇名であった。その他召使や傭い人たちもいた。その中で生粋のスクルービ出身者は、最初の脱出からすでに困難な十余年を経ていることでもあり、ごく少数であったが、その精神的中核となったブルースター、ブラッドフォードらは、スクルービのコングリゲーションがもっていた信仰を守りつづけた人であった。

ロビンソンの教訓

これから新大陸めざして出航するというとき、彼らはどんな思い、どんな考えをいだいていただろうか。彼らの牧師ロビンソンが、サザンプトン港で出航準備をしている彼らに対しライデンから送った手紙の中に、それを見てみたいと思う。これは「自分はいま、肉においては諸君と別れているが、しかし私の熱い愛情と切なる思慕とは君たちとともにある」という書き出しの、美しい手紙である。まず信仰生活について、

われわれは何よりもまず日々自分の罪を悔い改めて神との平和を保たねばならない。自分が自覚する罪、また知らずに犯す罪についても神のゆるしを乞うべきである。……もし真実の悔い改めによって罪を除かれ、それと共に聖霊による神のゆるしが良心に保証されるならば、人はあらゆる危険の中にあって大きな安心と平和を得るのである。

彼らの間の交わりについて、

つねに全体の利益と幸福とを考え、個人的な利益だけを求めないようにせよ。人は新しい家の建築にあたっては、その各部分が堅く組み合わさるまでは、乱暴な力をこれに加えぬように気をつける。そして君たちこそまさにこれから建てられようとする「神の家」なのだ。それゆえその建築の第一歩にあたっては、諸君がつまらぬ不要な議論や意見などに固執してこの家をぐらつかせぬようぜひお願いしたい。

またピルグリムが新大陸において政治体制をつくるに際して注意すべき点を次のように教える。

終わりに、諸君は自治制を採用して、一つの政治団体になるであろう。だが、諸君の上に立ってこれを支配する、とくにすぐれた人物というものはない。だから諸君が、知恵と信仰とをもって、真に全体の幸福を愛し求め、これを増進させるような人間を、諸君の間からえらぶことを期待する。そしてそのようにして選ばれた人間の正当な統治に対しては、あらゆる正当な尊敬と服従とをささげるべきである。

この教訓は、すべてデモクラシーをとる者に与えられるべき教訓であろう。ロビンソンの思想と良識があらわに出ている。彼らはこういう理念を新大陸にたずさえていったのである。最後にピューリタン的信仰の雰囲気をよくあらわしている結びのところを引用してみよう。

以上のべたわずかな言葉を、私は神に対する日ごとのたえざる祈りに加えて、諸君とその良心に対して、心からすすめたい。天と地と海とすべての川をつくり、摂理の御手《みて》をもってこれらすべてを支配し、ことにその愛する神の子たちをかえりみたもう神が、諸君の行くすべての道において、内よりは聖霊をもって、外よりは力ある御手をもって、諸君を導き、また守って下さるであろう。このようにして諸君もまたわれわれも共に、その生きるすべての日において、神を讃美することを願うものでありたい。では諸君が信頼し、私がより頼んでいる彼にあって平安であれ。
この望み多い航海において、諸君の幸ある成功をつねに変らず願い求めながら、ジョン・ロビンソン。

新しい社会形成の原理

さて、ピルグリムたちはこのロビンソンの教訓に従い、新大陸上陸直前に、彼らの〈理念〉を明確にしそれを文字にあらわして、各人その理念に従ってピューリタン社会の形成を誓約した。それが有名なメイフラワー・コンパクトとよばれる契約書である。

神の名においてアーメン。われらの統治者たる君主、また神意によりグレート・ブリテン、フランスおよびアイルランドの王にして、また信仰の擁護者なる畏れ多きジェームズ陛下の忠誠なる臣民たるわれら下記の者たちは、キリストの信仰の増進のため、およびわが国王と祖国の名誉のために、ヴァージニアの北部地方における最初の植民地を創設せんとして航海を企てたるものなるが、ここに本証書により、厳粛に相互に契約し、神およびわれら相互の前において、契約により結合して政治団体をつくり、もってわれらの共同の秩序と安全とを保ち進め、かつ上掲の目的の遂行のために最も適当なりと認むべきところにより、随時正義公平なる法律、命令、規則、憲法、役職を作り、われらはすべてこれらに対し当然の服従と従順をなすことを契約す。（石原訳を一部改訳、傍点部分）

これには一六二〇年十一月十一日の日付が付され、ジョン・カーヴァー、ブラッドフォード、ブルースター、ウィンスローら、スクルービとライデンの教会の出身者を先頭として、全部で四十一名のサインが記されている。こうして新しい社会建設の原理が表明せられた。

人間は「社会的動物」であり、個人では生きられない。古い社会から脱出してきた人間は、新しい社会を形成しなければならない。その新しい社会の形成の原理とは何か。それは〈契約〉である。〈契約〉によって結び合わされた社会である。メイフラワー号のピルグリム・ファーザーズは、ピューリタン的生の性格をあらわしているだけでなく、ピューリタン的社会の性格をも示す。ここに中世的な有機体的社会とは原理的に対極的な契約社会の出現がある。高木八尺氏は、メイフラワー契約は「自由自主なる個人が、契約によって、団体を創設するという社会契約の説を、現実に表した顕著な実例」であり、「また政治上の権力の根拠は個人の同意にありとする思想の発達史上記念すべき一重要事件であった」と言っているが、適切な評であると思う。近代社会は〈契約化〉をまぬがれない。

地理的教会《パリッシュ》から人格的教会《コングリゲーション》へ

ピルグリム・ファーザーズの脱出《エクソダス》、メイフラワー契約、これらは一六二〇年に偶然発生したことではない。それはピューリタン運動の中に芽生えていたひとつの傾向が、歴史の表面をやぶって突出したようなものである。

脱出と契約、これはピューリタン運動の歴史の中では同一の流れから出てきたものである。もしスクルービの信者の集りが集団脱出をするほど内的結合が強いものであったなら、その結合の原理は〈契約〉でなければならない。そしてまたこのグループの中から出た人々が新しい社会を形成するとすれば、彼らがかつて経験した集団形成の原理を応用する以外にない。それがメイフラワー契約なのである。スクルービの信者の集りが明確な契約団体の形をとっていたことは、一六一七年のブラッドフォードの日記で推測される。

教会契約

われわれは非常に密接で神聖な主の絆《きずな》と契約において、一つの体として共に結ばれている。それを破ることに、われわれは良心のとがめを感じ、またその恩恵によってわれわれは、直接に互いの福祉のために、また各々によって全体のために、さらには相互のための配慮に結びつけられている。

ここにあらわされていることは、この時代のような信者の集り《コングリゲーション》の形成原理として契約概念が用いられたという事実である。それは〈教会契約〉とよばれた。

教会契約は決してピューリタン全体に見出されるものではない。プレスビテリアンはむしろ教会契約を排撃した。それをとりいれたのはコングリゲーショナリストであった。なぜプレスビテリアンは教会契約を容認しなかったのだろうか。それはプレスビテリアンが、教会はやはり国民全体を包括する全体としての国民教会であるべきだ、と考えていたからにほかならない。教会契約の考え方からすれば、教会とは自覚的に信仰をもった信者が契約によって結合する集団であり、それは国民全体を包括せず、国民の中から選ばれた者だけが集るエリートの集団になってしまう。プレスビテリアンはそれに反対した。しかもその反対には、いわゆる「預定の教理」の理解に関わる神学的な理由があった。選ばれた者、つまり救いへと永遠の先から預定された者、そのような者のみが救いを得るという預定の教理は、カルヴィニズムの特徴をなす教理である。しかし正統的カルヴィニスト（プレスビテリアンはそれに属する）は、この神の預定が決して人間にとっては認識できないという見解をとっていた。だれが選ばれた「聖徒」であるか分からない。だからエリートだけの教会をつくることは原理的にできないのである。

コングリゲーショナリストの預定の教理の理解には、その点で微妙な差異がある。メイフラワー号でも信者たちは自分たちを「聖徒たち《セインツ》」と称した。正統的カルヴィニストは自分が「聖徒」であるかどうか分からないと考える。しかしコングリゲーショナリストはそれが分かる。彼らはそれを

「見ゆる聖徒《ヴィズィブル・セイント》」と称した。だから教会は「聖徒たちの交わり《コミュニオン・オヴ・セインツ》」であるべきだということになる。「聖徒《セイント》」とは東洋風の聖人君子の意味ではない。「本当の信者」といった意味である。

ここから宗教改革の理念にも微妙なしかし決定的な相違があらわれてくる。プレスビテリアンは国民全体を包括する教会の改革をめざす。だから「改革された国民教会《リフォームド・ナショナル・チャーチ》」が宗教改革の目標となる。そのような宗教改革は現在設立されているアングリカンの国教会をプレスビテリアン方式に模様換え《リフォーム》することにほかならない。ところがコングリゲーショナリストは〈教会契約〉によって形成されるような「聖徒の交わり」としての教会をつくることが宗教改革の目標になってくる。そしてそれは実際問題としては、アングリカン国教会の各教会区（パリッシュ）から自覚的なピューリタンを引き出し集めて「信者の集り《コングリゲーション》」をつくっていくということになるわけである。教会区《パリッシュ》というのは、日本でもし類似な制度があるとすれば、神社の氏子制度や寺の檀家制度である。それは神社や寺を中心とした一定の地域在住者全体を包括する宗教的行政区のようなものであるが、教会区《パリッシュ》というのもそれに似ていて、地理的な区域が教会の管轄区となり、その区域の在住者はすべてその教会に「ゆりかごから墓場まで」所属するという制度である。実際には中世のキリスト教社会有機体はこの教会区制度に現実的根拠があったわけで、その中の住民はあらゆる方向において教会の保護と指導のもとにおかれた。プレスビテリアンの場合は、その宗教改革の目標を教会区レベルで言えば、この教会区を長老主義に編成替えするということである。ところがコングリゲーショナリストは、この教会区から自覚的なピューリタンのメンバーを引き出し、それを信者の集り《コングリゲーション》へと結成しなおすわけである。このコングリゲーショナリズムの行き方は、中世的教会区制度を原理的に破壊してしまう。コングリゲーショナリストは、新約聖書に出てくる教会とは、実はこのようなコングリゲーショナルな教会であって、パリシュ型の教会ではない、と主張しだしたのである。教会とは信者の人格的集合体であって、地理的区域ではない。この教会理解は、古い中世社会を原理的に否定するものであった。

コングリゲーショナリズムは、ハンプトン・コート会談後あらわれてくるが、この傾向はピューリタン運動においてはそれ以前から生じてきたものである。その最初は、さきにも言及したが、カートライトの学生の一人ロバート・ブラウンによって主張され実験された。それは一五八〇年ころ発生した運動で、〈分離主義《セパラティズム》〉とか〈ブラウニズム〉とかよばれ、ピューリタン主流からはきびしく排撃された。分離主義というのは国教会からの分離ということである。カートライトのようなプレスビテリアンは、国教会から分離して信者の集りをつくるという考えを決して容認しなかったが、実際に彼らの意図する宗教改革がおくれ、プレスビテリアン国民教会ができないとすれば、結局そのような信者の集りを形成していくよりほかはなくなる。とくに外国に脱出して教会区的基盤をはなれ、たとえばオランダの都市の英国人教会の牧師となるという場合、それは信者の集りという形をすでにとっているものである。宗教改革がおくれればおくれるほど、プレスビテリアンもコングリゲーショナリズムの方向に傾かざるをえないのである。そしてハンプトン・コート会談で再度の挫折を経験した後では、社会的にもプレスビテリアニズムの妥当性は失われ、逆にコングリゲーショナリズムの妥当性がピューリタン運動の中に増大してくるのである。

商業階級との結合

　このような集団形成はピューリタン運動の中に発生した必然的傾向であった。スクルービの信者の集り《コングリゲーション》も、アングリカン国教会の教会区《パリッシュ》の中に発生した集会なのである。教会区から信者の集りへ、それが中世から近代への移行の歴史的実体である。つまり序章で模型的に説明したことを歴史的概念で言えば、教会区から信者の集りへということなのである。教会区においては教会と国家が表裏一体となっており、それはひとりの人間に対してはその誕生のときに幼児洗礼と戸籍登録との結びつきという仕方で現実に作用してくるのである。しかし信者の集りは、主体的な自覚をもつ者のみが集るのであり、それは教会区からの脱出を意味する行為をともなう。教会区的人間は定住的であるが、信者の集りに集る人間は脱出的であり、地理的社会から切り離されて流動的である。そしてその地理的社会からの離脱は、中世的な教会と国家の結びつきを破ることになる。教会と国家の分離とは、教会が教会区から信者の集りとなっていくことを前提にしている。

　この関連で、いわゆる「ピューリタニズムと商業階級との結びつき」の問題を考えてみよう。一般に経済史家はその結びつきを単純に前提して論を進める傾向が強いが、ここでは、その結びつきの理由を問うてみようと思う。なぜならピューリタンの信者の集りの形成ということは、人間を対象としており、それに応じることのできる人間が問題だからである。たとえば農奴のように自由をもたず、それゆえその土地から一歩も動くことができない束縛の中にいる人間は、ピューリタンの集会に集まることすらできない。つまり何らかの意味で自由をもった人間でなければ集れない。それは知的にまた経済的に一定レベル以上の人間でなければならないということである。商業階級はその意味で社会的にもっとも流動性のある階級である。外国にも行くことができる。そういう自由をもった人間、広く言えば中産階級、ヨーマン（自営農民）以上ということになる。しかしこのような社会学的条件のみでピューリタンの信者の集りが出来るはずはない。つまりその集りを形成するピューリタン牧師の側も考えてみる必要がある。

　それは何よりもまずアングリカン国教会で与えられない宗教的満足を、ピューリタン牧師が与えるものでなければならない。それがなければピューリタン牧師のまわりに人が集ることはあり得ない。ピューリタン牧師は、あのカートライトの場合が典型的に示すように、レディー・マーガレット神学教授として多くの学生をひきつける実力をもつ学者であるが、その思想のゆえに、立身出世ができない。それで、ピューリタンたちは地位によってではなく実力によって生きる道を求めざるをえない。彼らはアングリカン国教会の中にとどまるとしても、決して高位の聖職につけず、薄給で位の低い職、とくに「レクチャラー」（聖書講師）とよばれた、有志グループが手当を用意する職に甘んじなければならない。しかし彼らは説教や聖書講義の実力でアングリカン国教会の宗教に不満な者たちを自分にひきつけ、彼らを宗教的に回心せしめ、さらにその集団を強固なものとするため教会契約によって結合する。こうしてピューリタン牧師は国家によって養われるのではなく、信者の自発的な献金によって生活するようになるのである。商業階級は裕福であり、このような集団における経済的支柱となる。こうしてしばしばピューリタン牧師は、国教会の聖職者よりも豊かな収入をもつほどであった。ピューリタニズムと商業階級の結びつきはこのような内容をもっていたわけである。

このようにして新しい社会が、古い教会区《パリッシュ》から引き出されていく。それは脱出と契約によってである。〈個人化〉と〈契約化〉は内的に結び合わされている。古い教会区からの脱出は、人間の個的主体的な自覚なしには不可能である。契約はそのような個的主体性を確立した人格を前提とする。こうしてコングリゲーショナリズムの発生は、新約聖書に支持されながら、中世的社会有機体を克服するのである。

社会契約

メイフラワー号における脱出と契約とは、教会区から信者の集りへの移行という教会体験を、外的社会的に投射したような出来事である。スクルービのコングリゲーションに加わること自体、根本的に〈脱出《エクソダス》〉を意味する。また牧師と共に故郷を捨てて実際に国外に脱出できるということは、その中に契約団体としての強固な結合がなければできない。

しかしメイフラワー契約の意味は、それを世俗的な次元にまで応用したことである。教会を契約団体として形成するのみならず、社会をも契約団体として形成することである。このようなことは新約聖書の時代にはなかった。教会と国家とを分離するだけでなく、国家を教会のモデルに従って契約的に形成するということである。

しかし契約社会は、いわゆる地縁血縁による結合ではなく、精神的な結合であるため、これを維持することは、とくに国家のレベルにおいてはひじょうにむずかしい。そもそも契約教会（コングリゲーショナリズム）をその理想的純粋さに保持することも容易ではない。もしも近代社会の契約化が進行し、社会におけるあらゆる人間集団が契約的な結合体となっていくとき、それらの団体（国家であれ会社であれその他の諸集団すべて）は、教会における精神的実質なしに、教会の真似をしようとするようなものである。教会契約は「聖徒」を前提とした。つまり精神的になまのままではない。それを越えたものをもつ存在である。その前提なしに、契約社会は成り立たない。今日の会社はそれを社内教育や人事管理で補うことを試みているわけである。興味深いことに、教会も「信者たちのカンパニー」といわれた。強いて訳せば「信者たちの会社」である。それもまた契約集団をあらわす語である。今日の会社は、コングリゲーショナルな教会と類似した構造をあらわしている。

メイフラワー契約はほとんど不可能な企てであった。ブラッドフォードは晩年、告白している。

ああ神聖なる絆よ、破れないままにもたれている間は！　それから豊かに流れる果実はなんと甘美で貴重なものだったろう。しかし一度この絆を守ろうとする心がくずれて来ると、破滅が近寄って来るものである。……悲しいかな、かの陰険な蛇が、必要性だとか何とかことさらに立派な口実のもとに、神聖な契約や絆を解くべくひそかにしのびこみ、無神経にも次第に絆を断ち切るか、すっかり弱めてしまおうとしているのである。

初期においてはこの甘美な交わりの祝福された果実を見、安らかな気持でそれを享受しえて幸福であった。しかし今やその衰微と少なからざる欠乏を見出し、それを感じ、悲痛な心でそれをなげき悲しむのは晩年のわたしの不幸の一部である。そして他の人に対する警告といましめのため、そしてわたし自身の恥のためにもここにこれを記録しておこう。

このブラッドフォードの嘆きの中に、近代社会の契約化にまつわる深刻な問題を感受できるだろう。しかもこの契約化が不可避な必然性として進行するにもかかわらず、それを美しく維持することが不可能なのであれば、この嘆きもまた近代人の運命であろうかと怪しまざるを得ないのである。

Ⅳ　革命的人間――ピューリタン革命のにない手

ピューリタン革命の勃発

脱出か革命か

革命はピューリタン運動のとる第三の可能性である。ピューリタニズムは革命を経ないでは英国に土着できない思想である。イングランドを「新しいエルサレム」にするまで彼らの運動は終わらない。ピューリタン革命は、戦争としては一六四二年の夏からはじまるが、一六四〇年十一月三日、長期議会が召集された時から現実的に動き出したといってよい。翌一六四一年の十一月、クロムウェルが主謀となって国王チャールズの悪政にたいし抗議を列記した『大抗議文』が、賛成一五九票、反対一四八票という僅差で議会（庶民院）を通過した。その時クロムウェルは、「もし大抗議文が否決されたら、わたしは翌朝にでも全財産を売りはらって、もう二度とイングランドには帰ってこないつもりだった。おなじ決心をした人もたくさんいることをわたしは知っている」と語った。彼はアメリカ移住を考えていた。しかし彼は移住せず、革命のリーダーになったのである。

この話は、脱出か革命かという二者択一の状況を示している。前章ではピューリタン運動の第二の可能性、脱出《エクソダス》について語ったが、もしピューリタンが脱出してしまうならば、革命は起こらない。ピューリタン説教運動は、たしかに直接政治制度の改革をめざすのではなく、人間の改革、新しい人間の形成をめざした。ピューリタンの表現で言うと、「リフォメーション・オヴ・ライフ」（人生の改革）ということである。人間を古い生き方から新しいピューリタン的生き方へとつくり上げて行ったのである。それは教会区《パリッシュ》の中に旧態依然たる意識や生活態度を守っている人間ではなく、その中から脱出して自立し、自分の信仰によって神と結びつくような人間である。このような人間が英国内に出現するということが、革命の人間的基盤をつくり出し、そして彼らが国外に脱出するのではなく、古い制度に立ち向かうようになった時、革命が勃発しうるのである。

リルバーン　そのような人間の代表としてジョン・リルバーンの名をあげよう。彼は革命時代のデモクラティックな政治運動グループ「レヴェラー」（水平派）の指導者となる人物である。実に興味ある存在で、このような人間がピューリタン運動の中から生み出されたことは、この段階のピューリタニズムの性格をも示している。

ジョン・リルバーンは、メイフラワー号の出来事の五年前、一六一五年に生まれた。彼は自分は「ジェントルマンの子」だと言っているが、ジェントリー階級の出身である。しかしとくに大学教育を受けたわけではなく、ふつうの市民であり、そしてロンドンのピューリタン商人の店に奉公人として働いた。この商人はトマス・ヒューソンと言い、この商人の家にも出入りするピューリタン牧師がいた。牧師の名はエドマンド・ロージアという。

リルバーンはロンドンでピューリタン的雰囲気の中に生活し、しかも生来向学心をもっており、聖書や、パーキンズをはじめその時代の有名なピューリタン牧師の著作を愛読した。しかし彼がとくに愛読したのは、エリザベス時代の人でジョン・フォックスという人物が書いた大著『殉教者列伝』である。

リルバーン

これはこの時代のロング・ベスト・セラーのひとつで、元来は決してピューリタン的な意図で書かれたものではないが、ピューリタンがアングリカンによって迫害されだすに及んで、この書はピューリタンの苦難を慰めはげますような仕方で愛読されるようになった。その中にはカトリックに迫害されるプロテスタントの受難の物語が絵入りで印象的に記されている。リルバーンはかつて獄中でジョン・バニヤンがそうであったように、この書に没入し、やがて自分をこの殉教者の列に属するひとりと思うようになり、殉教者の精神をもって、アングリカン主教制度の激烈な敵対者となっていった。

リルバーンがアングリカニズムとの闘争に巻き込まれていくのは、ロンドンを騒がせた三人の反抗的人間に対する同情と共鳴からである。それをのべることは、ピューリタン革命前夜の状況をのべることになるから、しばらくその辺の状況に眼を移してみよう。

一六三六年リルバーンは彼の主人ヒューソンと牧師ロージアといっしょに、ピューリタン医者ジョン・バストウィック博士を獄中に訪れた。バストウィック博士は、アングリカン主教制を批判したラテン語の著書を発表し、そのため家族もろとも投獄されたのである。ところが、彼はその獄中でまた、主教制を大いに皮肉る祈りの書『リタニー』（『連禱』）を書いていた。話は少しとぶが、今から三年前（一九六六年）、沖縄の日本人牧師がアメリカ政府の高等弁務官就任式に招かれて祈ったとき、「この高等弁務官が最後の高等弁務官であるように」と神に祈ったことで大きな問題を投げたが、キリスト教世界では祈りがひじょうに重大な意味をもつ時がある。バストウィックの場合も似たもので、この『リタニー』の中には、「疫病、ペスト、飢饉、そして主教、司祭、執事たちから、恵み深き主よ、われらを解き放ちたまえ」という祈りが記されているのである。アングリカンの主教たちが、疫病・ペスト・飢饉などと同列にされているわけである。

バストウィック博士は獄中でその祈りの言葉を読んで聞かせる。それを聞いてリルバーンは感激してしまい、この『リタニー』の秘密出版を自分にやらせてくれと懇願する。バストウィックはリルバーンがまだ二十歳ぐらいの若者であることにちゅうちょしたが、熱心さにほだされて、その仕事の危険性を教えたのち、承諾した。

リルバーンはその原稿をもってオランダに渡り、次の年数千部を密輸する。ところが不幸にも仲間の裏切りで発覚し、著者バストウィックは星室裁判所に引き出され、一六三七年七月三十日、首手枷《かせ》の刑に処せられてしまった。リルバーンはその年の十二月に英国に戻るが、路上で乱闘のあと官憲に逮捕され、フリート監獄に投ぜられた。そしてバストウィックらが裁かれた星室裁判所に引き出された。

ところが青年リルバーンの法廷闘争は実に見事なものであった。星室裁判所も、高等宗務官裁判所と同様に、被告に「エクス・オフィキオ宣誓」を課し、その宣誓にもとづきどんな質問にも答えることを強制する。この宣誓のことは前にも触れたが、裁判の前に被告は聖書に手をおいて、質問には正直に答えることを誓う宣誓である。しかしどのような質問が用意されているかは全然知らされていない。だから同志の秘密をかくそうとすると宣誓にそむき、宣誓を守ろうとすると同志を裏切らねばならないジレンマに立たせられる。第一章に言及したピューリタンの急進派ヘンリー・バロウやジョン・ペンリーやジョン・グリーンウッドは、一五八六年、この宣誓を拒否して死刑に処せられたのである。この宣誓はピューリタンにとってはにがにがしい思い出にみちているものであった。

しかしリルバーンのころはエリザベス時代とくらべ、はるかにピューリタンには闘争の根拠ができていた。それは第二章にのべたピューリタンとコモン・ローヤーの結合の産物であるが、英国人の権利の意識がピューリタン信仰を守り、それによってアングリカニズムに対抗することができるようになっていたことである。それがリルバーンの意識の中にはっきり出ているのである。

星室裁判所は、カンタベリー大主教ロードが裁判を指揮しているのだが、リルバーンはこれら国教会の最高権威者たちを前にして、「いとうやうやしき貴族さま方、あなた様方にあらゆる尊敬と服従とをささげまして、なおわたしはこの宣誓を拒否いたさねばなりません」と言った。この答にはさすがのカンタベリ大主教も驚いた。そして怒った。また、リルバーンといっしょにつかまえられ、いっしょに裁判に引き出された本屋の老人ウォートンは、老人らしくだらだら長々と主教制や宣誓についてしゃべり出した。それぞれを中止させ、ただ宣誓するかどうかだけ答えよと命じると、この老人は、そのためにももう少ししゃべらせてくれ、だんだんそのわけを話すからという始末で、裁判所全体が爆笑してしまった。しかしこの両人は、宣誓拒否のまま、不法出版のかどでよりも、主教に対する反抗ということで、とくにリルバーンは極刑を受けることになった。しかしこの法廷でリルバーンが自分を「自由なる英国人」として英国人の権利を主張したことがロンドン市内に伝わり、彼は「自由人リルバーン」(フリー・ボーン・リルバーン)とよばれ一躍有名になったのである。

選びの自覚

彼の刑は一六三八年四月十八日に執行された。彼は手をしばられたまま馬車のうしろにつながれ、上半身裸体にされ、うしろからむち打たれながらフリート監獄から刑場のウェストミンスター・パレス・ヤードまで引かれ、そこでバストウィックと同じ首手枷《かせ》刑を受けた。リルバーンはこの刑を「ピューリタン殉教者」の精神で忍耐するのである。この刑を受けたあと、彼は監獄に戻り、その受けた傷によって発熱し苦悶する。そしてこの苛酷な取り扱いのさまと、それをどのような信仰によって忍耐したかを、爆発的な筆致で叙述し、『獣のわざ』と題して出版するのである。その中から、いかにリルバーンがピューリタン信仰によって自己を確立しているかを示す文章を、次に引用してみよう。

彼の民にあたえられたこれら多くの恩恵深き御約束を思いめぐらしながら、わたしは神によって選ばれた者のひとりであるゆえ、その御約束にわたしの分け前《シェア》と関係《インタレスト》とをもっていることを訴えた。そして無限のめぐみをもちたもう主は、わたしをしてその御約束に自分を投げかけそれに頼ることを許したもうた。……その朝わたしの魂は霊的慰めによって非常に高揚せしめられ、そしてわたしは自分のうちに神の助けを感じた。

リルバーンは自分を「選ばれた者」として自覚している。そして神のめぐみの力を内に体験し、それによって主体性は確固なものとされているのである。序章で中世的人間は巨大な岩塊に刻みこまれた〈浮彫〉みたいな存在だと言い、そして近代的人間は、背後にある岩塊が崩れ、あたかも〈立像〉のように自立しなければならないと言ったが、たしかにリルバーンは国家権力を前にして、二十三歳の青年にもかかわらずひとりで自立する。人間は存在論的に自然や超自然へと組みいれられた存在ではなく、人格的に神との契約をもって立つ個人となるのである。

たしかにわたしはひとりの若者であって、この世が学者たること《スカラシップ》とみなす規準からすれば学者でもない。しかしわたしは信仰的であるべく神のめぐみを受けた。……わたしは天地の神の霊と力とに助けられてあなたがたに神の名において語る。……わたしはわが神とはかり、……神の栄光と人民の福祉のためになることを語るべくわたしを導き力づけて下さるように願い求めた。そして、わたしは大いなる強き将軍主イエス・キリストの軍旗のもとで戦う兵士であり、またその日必ずやわが頭に与えられるであろう不死の冠を望むゆえに（わたしは今その状態におかれているのだ）、わたしは主が恩恵《めぐみ》をもってわたしの魂に知らせて下さったことを神の力と強さとによって大胆に語ろうとし、安穏を求めようとはしない。生命よ来たれ、死よ来たれ。

実力主義

右の文章もリルバーンの自覚や生の性格を明白に表現している。ここで彼は実力主義を打ち出しているのである。学位はもっていないが、大学卒業者に劣らない言葉をもち、「神の栄光と人民の福祉」に仕えるような知恵を語ることができる。近代人の成立の問題をしばしば知的な要素だけでとらえる風潮があるが、エラスムスやトーマス・モアのような宗教改革時代のヨーロッパ最高の知性が、結局はカトリックに戻ってそこに服従している事実をよく考えてみる必要があるだろう。リルバーンこそむしろ近代人の典型というべき存在である。実力主義はそもそもピューリタン説教運動の中に発生した傾向であった。ピューリタンはアングリカンの主教たちを「吠えない犬《ダム・ドッグズ》」と批判した。どんなに高位の地位にあっても説教ができない主教は無益なのである。

しかしこの実力主義はやがてはピューリタンの牧師たちにも批判の原理としてはねかえってくる。ちょうどこの時代のニューイングランドでは、アン・ハッチンソン事件がおこった。アン・ハッチンソンは熱狂的な婦人説教者で、ピューリタン牧師たちとの間に問題を起こしていた。アン・ハッチンソンの崇拝者は、エドワード・ジョンソンに、「君たちのような阿呆大学で学んだ牧師たちの誰よりも上手に、福音を説教する婦人のところへお連れしよう」と言った。「阿呆大学《ニネヴァーシティ》」とは「大学《ユニヴァーシティ》」をもじった言葉である。こういった傾向を、ある歴史家はピューリタニズムにおける「アンチインテレクチュアリズム」（反知性主義）と名付けたが、わたしは「実力主義」の方が適切であると思う。

この傾向を最もよく代表しているのがバニヤン*である。彼の本職はいかけ屋である。しかし彼は大学卒業者以上に「上手に福音を説く」ひとりであった。そういう説教者が一六四〇年以降ぞくぞく出現する。大学出身者たちは彼らを「メカニック・プリーチャー」（職人説教師）と軽蔑した。しかしそのような存在を生み出したピューリタンの説教運動の影響は、やがて単なる説教という宗教的な領域だけではなく、リルバーンの場合のように政治的な領域にもあらわれるのである。

＊『天路歴程』の著者ジョン・バニヤンのこと。

さらに注目されるのは、このように主体性を確立したリルバーンが、もうひとつ「クリスチャン・ソウルジャー」という自覚をもっていることである。「その日必ずやわが頭に与えられであろう不死の冠」、これはピューリタン共通の感覚であるが、それが「キリスト教的兵士」という戦闘的な性格を帯びて自覚されているのである。この世界から逃亡するような心境ではなく、まったく逆の強いたたかう姿勢である。

クリスチャン・ソウルジャー

重要なことはこの戦闘的主体性が、英国人の権利意識によって装備されているということである。「エドワード・クック卿が彼の『法学綱要《インスティテュート》』第二部第五六節で言っているように、『マグナ・カルタ』に従って法と正義と権利とに固執することが、臣民が保有する最善の生得人権《バース・ライト》である」。これは時代は下るが一六四六年の彼のパンフレットからの引用である。同年のもうひとつのパンフレットから引用してみよう。「もしも正義の自由な行使やわれわれの生得の正当な自由を保持すること、いなむしろ回復することのために、神の意志とその喜びたもうところに従い、またこの国の基本法とに従って、適切な手段が講じられないならば、おそるべき正義の神は（この人民の支配者たちの不正のために）怒りと激しさとをもって彼らと争われるであろう」。彼の英国人の権利意識とピューリタン信仰とは完全に結合している。これは第二章にのべたピューリタンとコモン・ローヤーとの結びつきによる聖書的信仰と英国法伝統の融合を主体的に受けとめた形である。

革命前夜の英国にこういう人間が出現したのである。こういった人間的基盤なしには革命は生起できない。そこで今度は眼を転じて、このリルバーン事件の背景になっている英国社会状況の変化を観察してみよう。

大主教ロード

リルバーン事件は一六三八年のことであるが、リルバーンの名は一躍有名になり、他方二十三歳の青年をこれほど弾圧せねばならなかったカンタベリー大主教ロードの存在は、この同じ年、その根底から動揺しだすのである。当時の英国は、ロードの前任者アボットの温和な政策によって、アングリカン国教会は秩序を崩し、ふたたびピューリタニズムの浸透を招いていたが、ロードはそれを、アングリカニズムの立場によって再建確立しようとしたのであった。アボットの政策は、あのハンプトン・コート会談のピューリタン代表がとった服従《コンフォーミティ》の立場の妥当性を生み出したことになる。それは、メイフラワーのピルグリムたちも正式の渡航許可を受けることができたほどの変化だったのである。ピューリタン主流は説教運動として発展する可能性をもっていた。そしてこの説教運動は、アングリカン国教会の教会区《パリッシュ》を崩したのである。

ロードがカンタベリ大主教になってやったことのひとつは、ピューリタンの「レクチャラー」（聖書講師）の絶滅ということであった。というのは第三章でのべたように「レクチャラー」のまわりにピューリタンの信者の集り《コングリゲーション》ができることは、教会区としての教会を破壊するからである。その手段として彼は、最初一六一八年にジェームズによって発布された『遊びの書《スポーツ》』を、一六三三年に再公布した。このころのピューリタンは、表面的には服従《コンフォーム》しているので、日曜の朝は教会区のアングリカン教会に礼拝に出席するが、午後別のところに集り、「レクチャラー」を中心とする聖書講義の集会に行ったり、あるいは自宅で家族ないし有志で聖書やカテキズムを学ぶという形をとっていた。それをつぶすためには日曜日午後に教会区民をレクリエーションにかり出せばよい。そこでロードは『遊びの書《スポーツ》』を用いた。ところがピューリタンたちは、これを十戒の第四戒「安息日をおぼえてこれを潔《きよ》くすべし」（文語訳）という神の命令に背くものとして怒りを覚えたのである。今日でもアメリカの田舎都市には、日曜日はいっさいの娯楽場が開かないところがある。十七世紀の教会史家フラーは、この『遊びの書《スポーツ》』が革命の主要な原因であるとその時代の人々は考えた、とのべているほどである。

ロードの伝記をかいたトレヴァー＝ローパー教授は、ロードにはひとつの社会理念があったとのべている（Archbishop Loud, 1940）。それは中世的なキリスト教的社会共同体なのである。それによってロードは、中世から近代へという大きな社会変化の流れをくいとめようとしたのである。一方でリルバーンのような新しい人間が古い教会区《パリシュ》の中から出現してくる。他方でロードはそのような新しい人間を弾圧して古い教会区を再建しようとする。その間の闘争である。

ロードの政策は、アングリカニズムを北王国スコットランドにまで強制しようという試みから破綻した。ロードをバンクロフトの再来とみなしうるならば、この時代のスコットランドにはバンクロフトの敵となると宣言したメルヴィルの精神がよみがえってきたのである。

ロード政策の破綻

一六三七年、ちょうどリルバーンがバストウィックの『リタニー』を印刷するためにオランダに行っていたころ、チャールズ一世はロードの推進によってスコットランドの主教たちにアングリカン様式の『祈禱書』を作成させ、これをスコットランドに強制しようとした。この『祈禱書』は直接ロードが作成したものではないのに、『ロードの祈禱書』とよばれた。この『祈禱書』がはじめて一六三七年七月、エディンバラのセント・ジャイルズ・ロセ教会で用いられたとき、その礼拝様式がいかにもカトリック的なものをあらわしたので、会衆の中からひとりの婦人が祈祷用のひざつき台を投げ、他の者が「ミサがもちこまれた」と叫んで騒然たる状態となった、と伝えられている。どうやらこれは歴史的な事実ではなかったようであるが、エディンバラを中心に騒擾が広がったことは確かである。ミサというのはカトリックの儀式である。

スコットランド人がここにカトリックの侵入を感じたのには深い意味がある。それは、ジョン・ノックスによる一国全体の改革派教会の形成という、偉大な宗教改革を達成したスコットランドの伝統がよみがえったことを意味すると同時に、南王国のイングランドの当時の傾向をも言いあらわしているからである。チャールズ一世はフランスの王女アンリエッタ・マリアを妃としたが、彼女はアングリカンに改宗しないでカトリックにとどまっており、カトリック的傾向を宮廷にもちこんだのである。そしてロードのアングリカニズムは、のちに高教会《ハイ・チャーチ》とよばれるもので、カトリックに近い傾向をもつものであった。

それに加えてもうひとつの条件がある。それはロードがカルヴィニズムの思想的敵であるアルミニウス主義に近づいたということである。十七世紀初頭オランダにおいてアルミニウスはカルヴァンの予定の教理を否認した。そして一六一九年にドルトレヒトで、インターナショナル・カルヴィニスト会議とでも称せられるような会議が開かれ、アルミニウス主義が排撃され、インターナショナル・カルヴィニズムの立場を表明した『ドルト信仰基準』が決定された。これにはジェームズ一世もアングリカンから代表を出している。ということはジェームズ一世時代までは、アングリカンの神学的立場はピューリタンと対決するような性格のものではなかったということであり、それゆえ両者の対決も、アングリカンから言わせると「どうでもよいような事柄」（無規定の事柄《インディファレント・マター》）をピューリタンが突っついているという印象を与えた。もちろんそこに含まれている対立はきびしいものであったが、教理問題という宗教の根本的なものにおける対決ではなかった。ところがこんどの場合はちがう。ロードはカルヴィニズムの教理的な敵アルミニウス主義に近寄る。対立は教理問題に及んでひじょうに深刻なものとなった。

国民契約と主教戦争

スコットランドはカルヴィニズムの国である。その対決はきびしいものとなる。セント・ジャイルズ教会の騒擾のあと、もり上がる民衆の反抗運動は、一六三八年二月二十八日の「国民契約」の成立にまで至った。これはロード政策に対してプレスビテリアニズムを守る国民的反対運動の宗教的表明である。その年のイングランドの反対闘争は、まだまだ個人的反抗のレベルを出ず、そしてバストウィックやリルバーンのように弾圧されてしまったが、スコットランドのそれは国民的レベルでスケールの大きなものであった。リルバーンが獄中でなお苦悶している間、一六三八年末、スコットランドの教会総会は、ジェームズ一世によってスコットランドに強制されて以来再びもち続けた主教制度を廃棄することを決議した。スコットランド人民の敵、イングランドと通じ合う主教はたおれた。だからこのことによっておこる戦争は主教戦争とよばれている。この主教制廃止をチャールズ一世は、国王の権威にかかわる国家基本体制の問題として受けとめたのである。

チャールズはそこで軍を派遣し、スコットランドの反乱を鎮圧しようとした。これが第一次主教戦争である。ところがこの戦争は国王側の挫折に終わった。この戦争を指導したのはロードとならんでチャールズの政治的片腕となったストラフォード伯ウェントワースである。ウェントワースはこの戦争の解決のために国王に議会の召集を進言した。ウェントワースは十一年前の議会（チャールズの第三議会）では国王の反対者だったが、その後国王側に転向した人である。

短期議会

こうして十一年ぶりに議会が召集された。それは一六四〇年四月十三日のことであった。

十一年ぶりということはかいつまんで説明すると、チャールズは一六二五年に父ジェームズのあとをついで即位してから三回議会を召集したが、すでにジェームズの時代から生じていた国王絶対主義と議会の権利擁護の立場との間の根深い対立がいっそうはげしくなり、一六二九年第三議会を解散して以来、議会なしの政治を続けてきたのである。この第三議会は、人権思想史上重要な出来事である『権利請願』が出され、一六二八年五月議会を通過、国王はついに屈服してそれを承認するという事件を含むものであった。この『権利請願』の主役はエドワード・クック卿であった。ところがこの議会の末期には『下院の抗議』と称せられる国王の政策に対する抗議文が議決され、これを知って国王は承認したばかりの『権利請願』を無視して主謀者議員九名を逮捕投獄、議会を解散してしまったのである。その中のひとりジョン・エリオット卿は、国王に謝罪し罰金を支払えば許されるという条件を受けいれず、四十二歳の若さで獄死した。そういうトラブルを残した十一年の無議会政治のあとであった。

しかしこの議会は「短期議会」の名のとおり三週間で解散させられる。ウェントワースは議会を操縦して国内を統一できると思っていた。しかしウェントワースの思惑がはずれ、十一年前の同志のひとりジョン・ピムの議会闘争の指導によってはばまれたのである。

長期議会

国王として残された道は、とにかくスコットランドの反乱を武力で抑えてから事態を改善するという以外にない。そこで国王は第二次主教戦争へと出征したのである。これはまことに国王の運命がかかったものであり、どうしても勝たねばならない。しかし国王の戦争目的は軍隊に分からない。アングリカニズムのために闘うということでは闘志がわかない。これに反し、スコットランドはプレスビテリアニズムを守るという宗教的な「国民契約」で結束している。こうして国王は第二次主教戦争にも敗北し、しかも悪いことには、北軍が越境して南下し進駐したまま、リポン条約を結ばざるを得ないということになった。そしてその条約で、一日当り八五〇ポンドの支払いの条件をのみ、支払われるまで進駐を継続することを認めてしまった。

こうしてふたたびこの処理のために、一六四〇年十一月三日長期議会の召集となるのである。これは革命議会となるもので、革命の期間を通じて開催され、クロムウェルによって解散されるまで十三年間も続き、さらにその後五九年から六〇年三月まで変則的な形で継続したことから長期議会とよばれている。

リルバーンの釈放・ロードの投獄

議会が開始されて六日後、つまり十一月九日、リルバーン釈放の請願が出され、そして奇しくもこの請願の取次ぎ者・代弁者となったのが、将来の革命軍の英雄オリヴァー・クロムウェルであった。一方ではリルバーン、バストウィック、プリン、バートンら有名な政治犯の釈放が決定されている間、他方ではストラフォード伯ウェントワースを反逆罪で告発することが決定され、その年の暮にはロンドン塔に投獄、次の年の五月断頭台で処刑されるのである。十二月十一日、議会は大群衆のデモにとりまかれ、一五〇〇人の署名からなる「根こそぎ請願《ルート・アンド・ブランチ》」とよばれるアングリカン主教制の根絶の請願を受けとった。議員ハーボトル・グリムストン卿は、「ロードこそわれわれすべての者の悲惨の根源であり基盤である」という弾劾演説を放つ。次の年二月、議会は、国家の基本法をくつがえそうとし、宗教上の改変をもたらし、立派な牧師たちを弾圧し、またこのたびの戦争をひき起こした張本人として、ロードを反逆罪で告発し、そして三月一日、ロードはロンドン塔に送られた。

一六四〇年十一月には、市民の歓呼を浴びてリルバーンは出獄し、それから四ヵ月後、一六四一年三月にはロードが群衆の嘲弄の間をくぐってロンドン塔にはいる。おそらくその群衆の間にリルバーンもいたであろう。その大きな逆転は、二人の人間によって演ぜられた世紀転換のドラマのようなものである。リルバーンがいかに民衆の英雄となったかは、一六四一年、ジョージ・グラヴァーの彫刻によって彼の肖像がつくられたことでも知られるだろう。他方、ロードは獄窓から刑場に引かれていくストラフォードを見送り、それから四年後、一六四五年一月十日、断頭台で処刑された。

ロードの投獄とともに、ロードの再建したアングリカニズムは崩壊し、彼の政策の執行機関であった星室裁判所、高等宗務官裁判所は廃止された(一六四一年七月)、そして本章の冒頭に出た『大抗議文』が上程され(十一月十六日)、次の年の八月には戦火が発生するのである。リルバーンは議会軍に身を投じた。

わたしは議会をひじょうに高く考えていた。そしてこの戦争が勃発したとき、もしわたしに千の生命があったら、それをことごとく議会のために捧げようと思った。

リルバーンの言葉である。

ピューリタン革命の理念

革命の解釈

ピューリタン革命とは何か。明確な答えはない。今日の良心的な学者はこの問いに当惑している。この混迷は、トーニーによって、あるいはそれ以前にはドイツのマルクス主義者ベルンシュタインによって開始せしめられた経済史的アプローチによる階級闘争論的解釈の最近の行きづまりによっていっそう深められた。トーニーはピューリタン革命を上昇しつつあるジェントリ階級の革命とみた。ところがトレヴァー＝ローパー卿は全然反対に、没落するジェントリの分別のない反乱とみた。メアリ・F・キーラー*や、ブラントンとペニントン**共同研究の長期議会の議員の経済的背景の実証的研究がなされ、だいたい同様な結論を引き出した。それは政治的対立を階級的対立に還元できないという事実を曝露した。ブラントンとペニントン共同研究の序でトーニーは「封建的貴族に支持された国王と上昇するブルジョアの闘争という古めかしい伝説」は維持できなくなったことを承認した。たとえば、ミルトン家では、長男ジョンは熱烈な革命詩人、弟のクリストファーは、王党の法律家である。同一の家庭のこの分裂は、もしジョンが次男で財産を相続できないのなら、トレヴァー＝ローパー

* Mary F. Keeler, *The Long Parliament 1640-1641*, 1954
** D. Brunton & D. Pennington, *Members of Long Parliament*, 1954

の小ジェントリのカテゴリーに押し込むこともできようが、それさえ不可能なことである。これは経済史的アプローチの行きづまりをあらわしている。

ピューリタン革命が階級闘争論で解明されないとすれば、それをマルクス主義的な世界史の発展の図式にもはめこむことができないということを意味する。ベルンシュタイン*は、ピューリタン革命とフランス革命との間の正確な平行関係を設定し、プレスビテリアンはジロンド、インデペンデントはジャコバンやモンタニャール、クロムウェルはロベスピエールとボナパルトという見方を立てた。しかしもしピューリタン革命がマルクス主義の図式にはまらずブルジョア革命のカテゴリーにはいらないとすれば、それは共産革命の前段階と言うこともできないわけである。だから、ピューリタン革命は共産革命の方向に乗り越えられるもののように軽々しく判断できない。

今、この問題について十分に論じることはできないが、ただこう言うことは許されるだろう。トーニーから始まった経済史的なピューリタン解釈の大きなうねりが、今や終末にきたようだということである。ある人はそれを労働党系史学と称している。労働党系史学がホイッグ史学を克服しようとした努力が、必ずしも成功裡に完結しなかったということである。トーニーはヴェーバーを一応受けいれたが、その見方の意義を十分に評価はしなかった。またその後の英国の経済史家はヴェーバーをまったく一蹴してしまった。しかしここで問題になることは、十六、七世紀英国史の研究における宗教史研究の意味である。序章で引用したサンソムは、「イギリスの憲政史がその宗教史に言及せずに説明できない」といったが、その意味である。サンソムは決してトーニーやトレヴァー＝ローパーのような学術的な歴史家ではないかも知れないが、この発言には傾聴すべきものが含まれている。その時ヴェーバーをトレヴァー＝ローパーのようにあまり簡単に排斥するのではなく、ヴェーバーが究明しようとした次元をもっと広く探究してみる努力が必要となるであろう。ヴェーバーからトーニーの方向に分岐していくのではなく、それをもってホイッグ史学を深めていく方向があり得ると思う。それは社会状況を十分参照しながらもなお理念の意義を真剣に考慮する道である。

神権説

　ミルトン家のジョンとクリストファーの相違に注目してみよう。そこには二人を分ける理念の問題がある。リルバーンとロードを分けるのも理念である。ピューリタンにとって理念の意味を軽視することは、ピューリタンの性格を見失うことになるだろう。たとえばカートライトにとってケンブリッジ大学教授のチェアよりもそれは重要だったように、理念に生きるところにピューリタンの本質があるからである。

　さて、話は少し戻るが、一六四〇年短期議会が召集され、三週間でそれは解散されたが、そこに革命の理念の問題に関して注目すべきことが起こった。

＊ベルンシュタイン『修正派マルクス主義』（鱒書房、一九六七年）、ベルンシュタイン、カウツキー『社会主義史』（一八九五年）、ベルンシュタイン『イギリス大革命の社会主義と民主主義』（一八九五年）、などの著作がある。

ふつう議会の召集といっしょにコンヴォケーションとよばれる聖職者の議会が召集される。そして議会解散と同時に聖職議会《コンヴォケーション》もまた解散されるのが慣例である。ところが短期議会が解散になっても聖職議会は解散されないのである。しかもそこで新しく十七条の教会法規が公布された。この出来事は、不意の議会解散以上に国民の不満をかき立てた。ロードは議会でこの責任をきびしく追求された。

国王の最高にして神聖なる命令は、神権を保有し、神ご自身の制定であって、根本的自然法に基礎づけられ、旧新約聖書の明白な本文によって明らかに打ち立てられている。……臣民が王に対して、攻撃的であれ、防御的であれ、武器をとることは、……神によって立てられた権威に立ち向かうことである。そして……彼らは自らに審判《さばき》を招くであろう。

このような教会法規は、革命前夜の深い社会的動揺の中にゆらぐ人間の精神をめがけて、発言されたものである。この教会法規は二つの原理をはっきり提示している。ひとつは〈国王神権説〉、もうひとつは〈受動的服従の倫理〉である。この二つの原理は、過去一〇〇年間の英国社会のアングリカン体制の支柱であった。中世時代は国王の上に教皇がおり、あの「カノッサの屈辱」（一〇七七年一月）で有名な教皇グレゴリウス七世と皇帝ハインリッヒ四世の争いにおいて典型的にあらわれているように、中世においては教皇が、臣民をハインリッヒに対する服従の義務から解放することができ、それによって国王を抑えつけることができた。「わたしは、ハインリッヒ王に、統治を禁じる。わたしは、彼と契約した服従からいっさいのキリスト教徒を解放する。だれにでも、彼を王と認めることを禁止する」と教皇グレゴリウス七世は宣言した。それは国王の破滅となる宣言である。しかしアングリカン体制は、教皇を否認し、国王を神化し、そして臣民をこの国王に受動的服従をもって結びつける。革命の理念の問題は、教皇の権威なくして〈国王神権説〉と〈受動的服従の論理〉とをどうして克服するかということにある。

十七世紀末、ジョン・ロックが、ロバート・フィルマー卿の『父権論《パトリアーカ》』を論駁して、近代的な社会契約説を展開したことはよく知られている。ロックの父はピューリタン革命軍の軍人だった人で、ロックはピューリタン革命時代の最も重大な問題を知っており、ピューリタン革命時代に書かれたフィルマーの書（彼の時代から言えば古い本であるが）をとりあげて最終決算を試みたわけである。しかし一六四〇年代のピューリタンにとっては、それが重大な問題だったのである。

真に革命的な理念とは、国王神権説と受動的服従の論理を根底から克服するような理念なのである。しかもそれは社会構造それ自体を、構造的に変革するような理念なのである。なぜならそこに前提されていた人生観・世界観がトータルに克服されねばならないからである。

革命の理念

この革命的理念をはっきり発言したのは、コモン・ローヤー、ヘンリー・パーカーである。一六四〇年代の人間がこれを読んであのロードの教会法規に含まれた理念を克服し、革命へと立ち上がったという文章を、時代的な違和感をのりこえて読んでみよう。

アダムの堕落によって腐敗した人間は、制御されがたい反社会的な被造物になってしまったので、彼らの心のうちに記された神の法では、彼を危害から遠ざけ、彼を社会的ならしめるのに十分でなくなり、したがってある政権者が新しい命令を出したり、古きによって裁いたり、正義に従って権力を行使するのでなければ、いかなる社会も維持できないものとなった。社会なしに人間は生存できなかったし、法律なしには人間は社会生活を守ることはできなかったし、法に従って裁き、その裁きに従って権力を行使するような権威がどこかに立てられていなければ、法は無益で空虚なものであった。したがって、間もなく理性の命じるところに合致するような法律が、人民一般の同意によって承認せられ、これらの法律の施行や解釈は、臣民と臣民との間の通常の障害をさけるため、ある政権者に委託されるようになった。

これはあのミルトンの『楽園喪失』にも出てくる聖書の創造物語を用いた契約的政府論である。この背後にはピューリタンの神学思想があることは明らかである。アメリカのピューリタン研究の権威ハーラー教授は、この議論の枠になっている思想を、「人間の堕罪と、人間とサタンの永遠的闘争というピューリタン的神話」と言っている。*アングリカンの政治思想が神学的根拠をもっているゆえに、それを克服するため神学的な議論をせざるを得ない。興味あることは、このような「ピューリタン的神話」を神学者や牧師でないコモン・ローヤーが用いていることである。そこにピューリタニズムのコモン・ローヤーの側への浸透の一端がうかがわれる。

彼〔王〕の尊厳は、人民を保存するために立てられたのであって、人民が彼に奉仕するためにつくられたのではない。このことは、われわれをしてそこからすべての政治の最高極致、すべての法をして法たらしめる至上の法、すなわち人民の福祉《サルス・ポプリ》へと導く。王の大権法自体、この法に従属する。君主たちの征服の権利といえども、すべての権力の源であり目的である〝人民に属するもの〟を自由にすることはできない。というのは単なる力は自然のコースを変えることができないし、法の趣旨を曲げることはできないからである。

人間は社会を必要とし、そのため王のような権力者を立てるが、それは「人民の福祉」の実現のためであり、それは人間の自然にそなわる法が要求するものなのである。したがってもしこの人民の福祉が、そのために立てられた王によって実現されない場合は、抵抗がゆるされるわけである。

全世界をしてこのことを判断せしめよ。もしもいかなる私的人間といえども攻撃をしかけられた場合、たといそれが政権者からであれ、彼自身の父からであれ、……敵意と危険にさらされておりながら、国王が防御をゆるさないからといって、彼らののどを殺害者たちに渡さねばならないというようなことが、人間理性の最も明白な光、最も強い傾向に反していないかどうかを判断せしめよ。

＊ William Haller, *Liberty and Reformation in the Puritan Revolution*, 1955

これはいわゆる自衛権の思想である。国王が人民に攻撃をしかけてきた場合、それは契約に反することであり、そこに抵抗の権利がある。なぜなら、契約は「人民の福祉」のためであるから。

もうひとり、革命の理念を明確化したのは、ピューリタン牧師として例外的にアルミニウス主義者であったジョン・グッドウィンであった。彼は神学的に、国王神権説と受動的服従の倫理を克服する。国王神権説の否定は、グッドウィンが発見した聖書の中の一表現によって決定的になされた。それは新約聖書ペテロ第一の手紙二章一三節に、政治的権威について「人のたてた制度」と記してあるところである。そこから彼は政治的権威と政治制度とを区別し、権威は神からであるが制度は人間的なものと見なし、王制を貴族制や民主制と並んだ人間的制度として相対化した。そしてその価値は、パーカーと同様、その政府が人民の自由、財産、生命などを守っているかどうかで判断されるのである。

結局この革命においては、神学的に装備されている国王絶対主義をのりこえるための神学的闘争が根底において遂行されねばならなかったのである。それは、エリザベス時代のピューリタニズムでは十分なし得なかったが、英国コモン・ローの伝統と結びついて、ピューリタニズムはその権利意識を神学的に増幅し、ただ単に『権利請願』のような有産階級の権利闘争でなく、広く人民の権利のための闘争にまで展開したのである。それがリルバーンのような人間をも革命へとかり立て、やがて新しい人民の軍隊、ニュー・モデル・アーミーとして結集されるのである。

この革命において、英国の外に脱出したピルグリムたちが新しい世界のためにたてたメイフラワー契約のような社会契約の理念は、英国の内部に向かって適用される。つまりそれはこの理念をもってする社会改造の試みであった。それゆえこれは〈近代化〉の革命ということができよう。世紀転換の劈頭においてこの革命は〈近代化〉を方向づける動きを典型的にあらわしているのである。

Ⅴ　民主主義の源流——ピューリタン的人権意識と寛容の精神

パトニー会議

本章の副題を見て、いったいピューリタンに寛容の精神などがあるのか、と疑問に思う人も多いと思う。というのも、わが国では一般に、ピューリタンといえば気むずかしく、厳格で他を寄せつけない、およそ寛容とは無縁の人と思われがちだからである。しかし、それがある。しかもあえて言えば、きわめて純粋なそして堅実な寛容の精神なのである。

そのことをのべるために、一六四七年十月二十八日から十一月十一日まで、パトニー《パトニー》で開かれた革命軍内部のひとつの会議、パトニー会議とよばれている会議に目を向けてみよう。英語では「パトニー・ディベイト」というから、直訳すれば「パトニー論争」だが、ここではパトニー会議としておく。

現代のパトニーはテームズ河に大きな橋がかかっており、橋の下は、オックスフォードとケンブリッジのボート・レースの出発点にふさわしくよく整った川べりがひろがっている。それはテームズ河の上流、ロンドンの西部の一地区である。橋のたもとに教会があるが、これは昔パトニー会議が開かれた教会ではなく、後の建築物である。

この会議のことだが、これは革命のいろいろな事件からみれば、小さな出来事である。しかしピューリタンの歴史という観点から見れば、なかなか深い意味をもっている出来事なのである。A・D・リンゼイ卿はこの会議の中に近代デモクラシーの源流があると見た。源流は目につかない草むらの中までさかのぼるものだが、それがたまたま草の葉の切れ目にたしかにひとつの流れをなしているものとして見える時がある。この小さな出来事は、近代デモクラシーがピューリタニズムから流れ出ていることを垣《かい》間《ま》みせてくれるようなものである。

幸いなことに、この会議には有能な速記者がいて、討論の記録がとどめられ、しかもそれは今日まで残存し、その現代版までできている。速記者クラークの名をとって『クラーク・マニュスクリプト』とよばれている。この会議は、軍の首脳部と兵士代表との討論会であるが、その背景を少しくのべてみよう。（詳しくは、渋谷浩、大澤麦訳『デモクラシーにおける討論の誕生――ピューリタン革命におけるパトニー討論』聖学院大学出版会、一九九九年を参照。）

一六四二年勃発した内乱は、一六四六年七月四日終結した。これを第一次内乱という。国王はスコットランド軍に投降し、ニューカースルに幽閉された。その後国王の身柄はイングランド議会に渡された。その間、戦後処理と平和回復に関して国王との交渉が続いたが、やがて平和回復について、スコットランド、イングランド議会、革命軍という三者の間に大きな対立が起きてきたのである。とくに議会が革命軍を解散して国王との和睦を実現しようとはかったことが、議会と革命軍との公然たる対立を引きおこした。

そこで、一六四七年六月四日、革命軍騎兵少尉コーネット・ジョイスは、突然、議会の監視のもとにノーサンプトンシャーのホームビィに幽閉されていた国王を奪取し、これをハンプトン・コートに移し、軍の監視の下においた。そして軍の立場から平和実現の方針を打ち出した。一六四七年八月はじめ、クロムウェルの女婿ヘンリー・アイアトンは、平和回復のための軍の統一要求として『提議要目』を起草し、これを議会に提出した。

ところが『提議要目』は軍の統一要求としての実質をもっていなかった。軍内部から批判がおこり、とくにリルバーンの影響を受けた兵士たち(この会議でレヴェラーとよばれるようになる)が中心となって、十月九日『正確に述べられた軍の主張』というパンフレットを作成し、これを十五日総司令官フェアファックスに提出した。

『正確に述べられた軍の主張』が『提議要目』とちがっているところは、「すべての権力は、本源的また本質的に、人民全体の中に存する」という人民主権の主張、「彼らの自由な決定、あるいは彼らの代表者による同意が、すべて正当なる政府の唯一の源泉もしくは基礎である」という同意の原理の主張をはっきりさせた点である。これらの理念は、革命軍に身を投じた者たちが、革命へと動員された理念なのである。

この文書の出現によって、軍内部に意見の不一致があることが曝露された。パトニー会議はこの不一致を解決しようとして企てられた会議であった。

人民協約

ところがこの会議の直前、もうひとつの文書が作成された。それが有名な『人民協約』とよばれる文書である。これは『正確に述べられた軍の主張』よりももっと明確な憲法草案の形をなしており、そしてその中にレヴェラーの理念が的確に表現されている。正確な題は、『普通人権《コモン・ライト》と自由とに基づきたる確固適切なる平和のための人民協約』である。

この文書は四つの大きな改革を含んでいる。第一は選挙民の数に応じた選挙区の平等化、第二と第三は現在の議会（長期議会）の解散と、二年ごとの議会開催、第四は議会自体が専制化しないための保障、つまり宗教の自由、強制兵役の拒否、内乱中の言動の免責、法律適用の平等、法律の改善などである。『人民協約』の歴史的意義は、人民主権を原理とした近代民主主義憲法の原型であるということである。この文書に内在する契約的原理は、思想史的にみればあのメイフラワー契約の線に沿ったものであり、その発展であると言えよう。

しかしメイフラワー契約とちがうところは、契約の原理を既存の社会、内乱によって無法状態にいったん落ちてしまった社会の、新しい形成のためにさし向けたところであろう。それはきわめてラディカルな改革をもたらすような内容を含んでいた。たとえて言えば、明治の大日本帝国憲法から戦後の日本国憲法への変化といった、国家の基礎構造《コンスティテューション》の変革である。右にのべた第一の点の中には、パトニー会議の中心問題となる〈成年男子普通選挙権〉の思想が含蓄されている。第四の点には議会そのものの民主化の意図が打ち出されている。この問題についてここで一言のべておこう。

革命軍は、第一次内乱後議会との対立にまきこまれ、議会もまた専制化するということを感得した。今日のいわゆる多数暴力のような問題である。議会の多数派は有産階級出身のプレスビテリアン系議員で、軍の宗教的傾向がコングリゲーショナリズムやさらに分派的な傾向を含むものであったこともからんで、宗教的統一の達成のためにも、軍の存在は彼らの問題となってきた。プレスビテリアンは一六四三年からウェストミンスター神学者会議を開いて、アングリカニズムに代わるプレスビテリアン国民教会の設立の案を練ってきた。

ヘンリー・パーカーが革命の理念を発表したときは、議会の立場と人民の立場とは同一であった。議会主権の主張は人民主権の主張と同じである、とばくぜんと考えられていた。しかしこれは必ずしも同一ではない。これについてウッドハウス教授は次のように説明を加えた。*

＊ A.S.P. Woodhouse, *Puritanism and Liberty*, 1938

議会主権の教説は、必ずしも自由とデモクラシーの教説ではない。……議会主権が自由とデモクラシーの教説となり、それらの最も効果的保証となるためには、議会が民主化され、議会が人民の意志と一般的に合致することが保証されねばならない。

レヴェラーは議会主権と人民主権の間にひそむこのような問題をはっきり認識していた。デモクラシーのためには議会そのものが民主化されねばならない。民主主義の擬装のもとに、議会主義が非民主的な役割を演じることは今日でもよくあることである。

さて、パトニー会議では、第二日目にこの文書『人民協約』が提出された。クロムウェルはそれまで全然知らなかったようである。この会議は元来『正確に述べられた軍の主張』を討議するために召集されたものだった。この会議の構成は、軍の首脳部を代表してクロムウェルやアイアトンが出席し、『人民協約』を作成した軍の兵士たちを代表してトマス・レインバラ、ジョン・ワイルドマン、エドワード・セクスビー、マクシミリアン・ペティのような人々、中には「バフ・コート」とだけあって着ている兵士服でよばれた無名の兵士もいる。この会議の構成自体興味深い。ちょうど社長や重役と平社員とが平等に話し合うといった光景である。

革命軍は規律のきびしい秩序立った軍隊として有名だったが、その中にこのような平等な会合の場があった。ここに秩序と平等の使いわけの実例がある。おそらくこの使いわけは、ピューリタン革命軍の独自なものであっただろう。ニュー・モデル・アーミーとよばれた人民軍は、下層の人間でも有能な者を抜擢し、将校にした。こうしてできた軍の秩序は、機能的秩序である。存在的としては平等である。ニュー・モデルでなければこういう討論会はもちえない。中世から近代への移行は、存在的秩序の崩壊であり、どうしても社会秩序を必要とするときには、機能的な秩序として樹立されるのである。ニュー・モデルはまさにそのような社会秩序の新しい模範《ニュー・モデル》であった。

アイアトンとレインバラ

この論争の対立点をみてみよう。この対立は、レヴェラーたちの普通選挙権の主張に対し、アイアトンの有産者選挙権の立場からの反論である。「レヴェラー」（水平派）という名称は、この会議ではじめてクロムウェルが名付けた名前だと言われる。レヴェラーは、財産も階級もみな平坦にしてしまう説をとなえている者という意味である。

普通選挙権か有産者選挙権かという対立は、近代日本でも経験したことである。大正時代の「普選運動」がそれで、当時は選挙権が国税一定額以上の納税者のみに限定され、普通一般に与えられていなかったからである。これとまったく同質の問題が、三〇〇年前、パトニー会議で論じられたわけである。

この成年男子普通選挙権は、現実的に国家の権力構造に変化をもたらすものであるから、重大な政治的意味を含んでいる。もっとも、成年女子は加わっていない。ピューリタンの家庭における女性の地位の著しい向上は注目すべき事実であるが、この歴史の段階では女子にまで選挙権を与えるほどには思いおよばなかった。

さて、アイアトンはレヴェラーの考えに真向から反対した。アイアトンはしばしば保守的な有産階級の代表者のように見られ、アイアトンとレヴェラーとの間には、「持てる者」と「持たざる者」とのいわゆる階級対立があると考えられている。しかしこれをあまり強調しすぎては全体像を逸することになる。もしここに階級対立があるなら、軍とプレスビテリアン議会との対立、さらに議会と国王との対立はどういうことになるだろうか。問題は平和回復の方向であり、それとからんでの革命目的の理解の問題である。両方とも同じたたかいを闘ってきた同志である。アイアトンの保守主義は、むしろ暫定的なものなのである。軍の上級将校として、議会に対してたとえ対立の中にあってももたざるを得ない関係と責任に束縛された発想なのである。それは「神の摂理」が、まだ国王や財産をまったく破壊するほどまでに行っていないという事態に立脚している。現代風の表現でいえば、まだ歴史はそこまで行っていない、という判断である。クロムウェルもアイアトンも「神の摂理」あるいは歴史の動きを見つめて、考え行動する。しかしレヴェラーは原理主義である。同じマルクス主義でも、歴史的状況が革命的に成熟しているかどうかを見て考え行動するタイプと、マルクス主義の原理に立って、聖書の言葉を用いれば、「折を得るも折を得ざるも」行動するタイプがある。いわばそのような相違である。

アイアトンは選挙権の公平な配分は認めるが、成年男子普通選挙権はあまりに変革的だと見る。この時代は地代四十シリング以上の土地自由保有者に選挙権を与えていたが、その背後には政治権力機構の設立に対する責任性の思想が裏づけになっている。

> わたしは、この王国に対して恒久的な固定した利害関係《インタレスト》をもたない人は、王国の諸事の処理に関係したり加わったりする権利をもたないと思う。

つまり、財産保有者は、その国が滅亡したら直接自分の滅亡になるから、そういう人々がつくる政府は責任あるものになる。もしそういう利害関係をもたない者が選挙権をもったら、議会に無責任な人が送りこまれ、国家が危くなる。そこでアイアトンはきわめて説得的な例をあげた。それは外国人の場合である。レヴェラー理論で言うと、選挙権は自然権に基礎をもっている。それならば外国人にも選挙権を与えねばならなくなるという反論である。たしかに無産者はその国に関心《インタレスト》をもたない。だから無産者の精神的本質は異邦人だといってよい。プロレタリアはインターナショナルだというのは当っている。

ところでこの時代のイングランドは無産者が過半数であった。そういう人に同じく選挙権を与えるとしたら、国家は容易に顛覆されてしまうだろう。日本の場合も、普通選挙権の施行は治安維持法の施行を必要とした。彼らは国家を外国に売り渡すかも知れない。しかし、それを避けようとすれば、国家は有産者に占領されることになるのではないか。

レインバラは言った。「ひとりの貴族は二十人もの代議士、ひとりのジェントルマンはわずか二人、ひとりの貧乏人は一人も選ぶことができない、こんなことは神の法の中にありはしないし、自然の法にも、万民の法にもありはしない」。彼は、一六四七年十月二十九日、つまり会議の第二日目、『人民協約』が読まれた直後に次のような言葉で人権を宣言した。

イングランドに住む最も貧しい人も、最も大いなる者と同様、生きるべき生命をもっている。人はだれでも……自分自身の同意をもってその政府に身を委ねるべきであって、もし自分自身がその支配を受けることについて何の発言権をも与えられていないような政府に対しては、たといイングランドの最も貧しい者でさえも、厳密な意味で、その政府に対し服従の義務を負わない。

ここに普通選挙権の主張の根拠が表明されている。それは人間を人間として尊重する立場、財産の有無によって区別しない立場である。ひとりびとりが人間としての権利をもち、それを選挙権として政治的に表現し、国家を同意(契約)の原則に基づいて建設することを求めているのである。もしもアイアトンのような形で新しい国家が考えられるとすれば、何のために革命をやったか分からなくなる。それでは結局兵士たちは、レインバラが言うように、「自分を奴隷化するため、金持や地主に権力を与えるため、そして自分を永久に奴隷にするために闘った」ことになる。

この点を兵士代表のひとりセクスビーは興奮した調子で断言した。

われわれの目的は自由であった。しかし今そこから逸脱があると思う。われわれはこの国に身を捧げ、われわれの生命をかけた。それはわれわれの生得人権《バース・ライト》と英国人としての特権をとり戻すためであった。……われわれは何ほどの財産ももっていない。しかし生得人権をもっている。ところが今、この国に固定した資産をもった人間でなければ、この国に権利をもたないように思える。ひどく欺かれたものだ。もしこの国に何の権利ももたないとしたら、われわれは傭われ兵隊にすぎなかったのだ。……わたしは一言のもとにわたしの決心をあなたに言う、わたしは自分の生得人権をだれにも渡さない。

革命の目的

この反論は、ピューリタン革命が決して経済的意味での「ブルジョア革命」ではない、ということを含蓄している。セクスビーによれば、それは「自由と人権」のための革命なのである。

ところが問題は、レヴェラーの主張する「生得人権と英国人の特権」を裏づける理論は、きわめて神学的なものだということである。「神の法」とか「自然法」とかがそれで、アイアトンはこの点を鋭くついてくる。だいたい「神の法」（聖書の中に出てくる法、ここでアイアトンは十戒の第八戒「汝、盗むなかれ」をさしている）でも他人の財産の侵害を否定しているではないか、しかし神の法や自然法はただ一般的な事柄を規定するのであって、財産や選挙権のようなものを規定はしない、それらは市民法の事柄だ、と反論する。この反論はレヴェラーたちをほとんど沈黙させるような説得力をもった。彼らは十分反論ができず、ただその場合には何のため闘ったのか分からなくなる、と言うだけなのである。

この会議の論争の理論的根底は、神の法・自然法と市民法とを区別するという点にあった。というのは、一六四二年の革命理念は神の法・自然法と市民法を結びつけていたからである。この結合が、一六二八年の『権利請願』と一六四二年のピューリタン革命とを質的に区別するものといえよう。『権利請願』はコモン・ローの立場に立った財産権の擁護である。しかしピューリタン革命はもっと深く人権のためのたたかいというかたちをもつものであり、それによってレインバラ、セクスビーのような人間たちが動員されているのである。だからアイアトンのように神の法・自然法と市民法とを区別しようとするとき、そこで一六四二年の革命理念は分解し、レインバラたちには革命の意味が分からなくなる。

ピューリタン革命は、たしかに『権利請願』のような権利のための闘争の線をもっている。そしてふつう西洋史家はその線をたどる。しかし、その糸とより合わされたもう一本の糸がある。それがピューリタニズムなのである。そしてこの要素が無産の一般人民を革命へとさそっているのである。

この対立は今日のわれわれに重要な問題を投げかける。それは近代世界における人権理念の成立の問題である。この問題を全面的に取り扱うことはできないが、歴史的にみて重要な点をここからとり出してみよう。

人権理念の成立

人権理念はたしかに日本国憲法第九十七条がいうように、「人類の多年にわたる自由獲得の努力の成果」であるが、それは決して単純に『マグナ・カルタ』や『権利請願』

の線からまっすぐに発展してきたものではない。むしろこの線はブルジョアの財産権擁護という限界〈アイアトンの立場〉を出ない。それが「人権」にまで発展するのは、神の法や自然法から来る線が加わることによってである。神の法や自然法は、レヴェラーの理解においても分かるように、きわめて宗教的な概念である。だから近代の人権理念は本質的に〈宗教的〉に形成された概念なのである。もちろんそこまで至るために、英国人の権利意識が媒介となったことはたしかである。英国のコモン・ローの権利意識に媒介されて、神学的な神の法や自然法が、人民の主体性の中に自然権として受肉した。

　多くの人々は自然法とは中世の〈コルプス・クリスチアーヌム〉を規定した存在の理法であると考えている。それは間違いではない。しかしここに重大な転換が起こった。あの中世社会の岩塊がこわれて、人間が個人として立像のようになっていかざるを得ない過程で、岩塊の中にあった自然法は個人の中に自然権として転換されて人間主体の中に移行し、それによって近代的人権意識が成立したのである。

　レヴェラーはこの革命がこの方向に動いていること、いくべきであることを自覚していた。そしてその近代的人権の基礎に立って英国を新しい契約社会へと形成しようと考えたのである。

　パトニー会議はこういう深刻な対立をあらわした。この対立はピューリタンとコモン・ローヤーの結合によってもたらされた宗教的理念と英国の法伝統の結びつきが、内的に依然として緊張をもっていることをあらわしている。たしかにレヴェラーたちはだんだんコモン・ローに訴えることをやめ、ますます自然法にたよるようになった。アイアトンはコモン・ローの立場を重んじようとした。しかしこの分裂は、クロムウェルやアイアトンが言うように、もし「神の摂理」が王や財産を滅ぼす段階にまで進めば、治癒される性質のものであった。実際歴史はそこまで行き、国王は処刑され、レヴェラーの『人民協約』は大幅に軍首脳にとりいれられ、一六四九年一月十五日、軍評議会によって正式に、新しい『人民協約』が作成されたのである。

会議の精神《ザ・センス・オヴ・ザ・ミーティング》

合意と議論

パトニー会議でのクロムウェルやアイアトンのような軍首脳（グランディーズ）は批判的な目で見られがちである。しかしこの会議にデモクラシーの源流を見るリンゼイ*卿は、クロムウェルを高く評価している。しかも、この会議をデモクラシーの源流と見る理由が、そこできわ立っているあのレインバラのような人間尊重の発言、また同意の原則による契約社会理論の主張だけをとらえての判断ではないということである。リンゼイ卿は、クロムウェルに代表されている精神も、レインバラの発言と同様に、デモクラシーの源流として重要だと見ている。それはデモクラシーにおいては、同意（アグリーメント、これは『人民協約』の「協約」に当るが、契約の観念をあらわす）よりも議論（ディスカッション）が大切だという判断からである。

クロムウェル

この会議においてクロムウェルは、議論の意義を守る存在であった。クロムウェルはアイアトンよりもはるかにレヴェラーの主張を理解し、かつある種の共感をもっていた。なぜならクロムウェルは下層の人間を自分の軍隊の中に用い、彼らが立派な軍人になっていくのを喜んでいた人間だったからである。そして彼はこういう人々を、ちょうどピューリタンの信者の集り《コングリゲーション》のように見て、それを育成したのである。彼らはみなあのリルバーンの言う「大いなる強き将軍主イエス・キリストの軍旗のもとで戦う兵士」となったのである。だからクロムウェルの軍隊はひとつの教会のようであった。文字どおり「闘う教会」であった。そういうわけでクロムウェルはレヴェラーの主張がよく分かる人間なのである。それゆえ彼は言った、「われわれは同じ目的について論じているのであって、ただその手段において誤解をもっているにす

＊A・D・リンゼイの思想については、以下の資料を参照。永岡薫他訳『わたしはデモクラシーを信じる』山本俊樹・大澤麦訳『キリスト教諸教会とデモクラシー』、永岡薫編『イギリス・デモクラシーの擁護者A・D・リンゼイ――その人と思想』（以上、聖学院大学出版会）

ぎない」。たしかに彼はこのレヴェラーの提示する改革が英国をスイスのような共和国にしていく重大な変化をもたらすことを感じていた。しかし彼は、国民が十分その変化を受けいれていく用意があるかどうかを考えなければならないという見方であった。実際レヴェラー理論は、そのまま適用されたら、大きな混乱をまきおこす可能性をもっている。それはかえって国王派の台頭をひきおこすかも知れない。(この問題はクロムウェルの死後出てきて、王政復古をもたらしたのである。) その場合はアナーキー状態になる。クロムウェルはそのことを恐れ、そしてこれらの問題を十分討議によって解決し、軍の一致団結を守ろうとしたのである。この点でクロムウェルはアイアトンとレインバラとの間に立っていた存在であった。

リンゼイ卿は、レインバラが人権の理念からただちに同意の原則へと至ったのは、飛躍であり誤っていると見ている。もし同意ということが原則であれば、一方では強制や世論操作によって全員一致をつくり出すという誤りにおちいるし、他方では一致できない場合にはアナーキーにおちいるからである。前者の場合は反対者または反対党の存在しない国家であり、後者は反対者または反対党の存在が国家統一を破壊する国家となる。たとえば現在の佐藤政権(当時)にわたしは同意を与えない、だからわたしは佐藤政権を認めない、という議論になるわけである。

クロムウェルは合意への過程としての議論を重視した。リンゼイはこれがデモクラシーにとっては重要だというのである。この考え方はわが国では十分受けいれられていない。今日わが国で行なわれているような、国民的討議も経ないで世論調査をやり、それで国民の意志を判定するというようなことは、まったくナンセンスといわねばならない。それはともかく、ふつうクロムウェルは、自分は神の意志を遂行しているのだというような確信の強い人間の代表のように見られているのに、このようなきわめてデモクラティックな本質を内にもっていたとはどういうことなのか。リンゼイはそれをピューリタン的信者《コングリゲーション》の集りの思惟方式の応用だと見ている。クロムウェルの表現をかりれば、

まことにわたしたちは多くの人々がわたしたちに語るのを聞いた。そしてわたしはそれらの中で神がわたしたちに語られたのだと考えざるを得ない。ここに語られたことの中には神がわたしたちに示そうとされた事柄があると考えざるを得ない。それにもかかわらず語られた言葉の中にはいくつか矛盾があった。しかしたしかに神は矛盾の作者ではない。わたしたちは同じ目的について語ったのであり、失敗はその方法においてであるにすぎないと思わざるを得ない。目的はこの国を抑圧と隷属から解放することであり、神がわたしたちをそのために用いられたそのみわざを完成することであり、そこにわたしたちの正義と義の目的の希望を確立することである。

ここでクロムウェルが言う、神がひとりびとりに対して語るという思想は、ヨーロッパの中世から近代にかけての思想的変化における最もラディカルな転換を表現しているものである。というのは、中世においては神の真理はローマ教皇に与えられ、そして教皇から一般の人間が受けとらねばならなかった

からである。宗教改革とはこの教皇の否定であり、教皇的真理理解の否定である。そして教皇をもたない場合、その反対は、ここにクロムウェルがいう「神はひとりびとりに」それぞれの仕方において語られるという理解が発生するのである。

もしカトリック宗教が〈回勅の宗教〉と言うことができるならば、ピューリタンの中に発生した宗教は〈会議の宗教〉となるのである。そこでは総司令官であれ一兵士であれ本質的な区別がなくなるのである。これはクロムウェルだけではなく、一般兵士の確信でもあった。ウィリアム・ゴフは次のように言った。

神は今やひとりの特別な人間によって語られないで、われわれひとりびとりの心の中に語りかけたもう。もしひとりの人間から多くの人間に伝えられた伝言を聞かないことが危険であるなら、われわれの多くによって語られた神からの言葉を拒絶することは、もっと危険である。

しかし問題は、リルバーンのいうように「神とはかり、神の栄光と人民の福祉のためになることを語るべく」人々が努めても相互に矛盾がおこるということである。したがって議論を建設的にするためには、「神は矛盾の作者でない」という確信が必要となる。それには、神が自分に語りかけるという絶対的な契機と、なお神が他者に別様に語るという可能性を認める相対性の契機とを合せもつ精神が必要である。この精神が討議をつつむ雰囲気となったとき、討議は真理探究の手段となる。この雰囲気をクエーカーの人々は、「ザ・センス・オヴ・ザ・ミーティング」といった。これはひじょうに訳しにくい言葉だが、直訳すれば「集会の感覚」とか「会議の精神」とかになるだろう。または「会議の意向」がよい。というのは、このセンスは討議とともに成長し、成長とともに方向をあらわすからである。ある段階においては議決しないでも、会議の全体的雰囲気の中に出てきた方向が相当にたしかになる。それはむしろ議決しないことによって保たれる相違した意見の融合のようなものである。わが国の会議にはこのザ・センス・オヴ・ザ・ミーティングをもつ努力がないので、この雰囲気を訳し出す言語もできないわけである。

新しい真理観

このような態度は、ピューリタンの中に発生した新しい真理観によって裏づけられている。教皇のような絶対的な真理の保持者の存在が否定される。ピルグリムたちの牧師ロビンソンは彼らを新大陸に送り出すとき、その群の指導者を上から任命しなかった。それは「とくにすぐれた人物」なる存在を信じていないからであった。彼自身このグループの永遠の霊的指導者、彼らの教皇になろうとしなかった。ピルグリムたちが別れのために集ったとき、ロビンソンは次のように語った。

われわれはやがて別れねばならない。わたしが生きてふたたび諸君の顔を見ることができるかどうかは、主が知りたもう。どちらにせよ、わたしは神とその天使たちの前で諸君につげたい。諸君は、キリストに従う以上にわたしに従うべきではない。神がもしわたし以外の器《うつわ》によって何かを諸君に示されるとき、諸君はわたしの言葉をうけたと同じように、すぐにそれを受けいれて欲しい。なぜなら神はその聖なる言葉〔聖書〕の中から、なお多くの真理と光とを示すことができるからである。

このような見方は、神の超越性というカルヴィニズムのひとつの帰結である。神の絶対性を、人間のどのような存在も、全面的に代表することができない。それほどに神は超越しているということである。教皇のような神と人間との間の接合点的存在がなくなるのである。これがカルヴィニズムの中からデモクラシーが出て来る思想的根拠なのである。この傾向がピューリタニズムの中に発展していった。それゆえピューリタンの中に純粋な寛容の精神が生じるのである。それは自己絶対化の徹底的な否定ということから出る。しかし何の確信もない無定見を背景とした擬似寛容ともちがう。

新しい真理観ということで、とくに注意したいと思うのは、『楽園喪失』の詩人ジョン・ミルトンの『アレオパジティカ』（岩波文庫『言論の自由』、一九五三年）である。これはパトニー会議よりも三年ほど前、つまり一六四四年の出版である。このパンフレットの出版の事情を要点だけかいつまんで言うと、ミルトンは最初は長期議会の自由の回復のための役割を高く評価し、国王側やアングリカン側の攻撃の筆をとっていたが、議会がプレスビテリアニズムによる国家秩序の再建をめざして出版取締法を制定した（一六四三年）のに対し、こんどは議会やプレスビテリアンの立場を批判するようになり、言論出版の自由を主張した。それがこの小さな書物なのである。しかしこの中に、ピューリタニズムの中にはぐくまれてきた独特な真理の見方、さきに引用したピルグリム・ファーザーズの牧師ロビンソンの言葉の中にすでに表明されているような思想が、美しくまた明白に記されているのである。彼はまずプロテスタントがローマ・カトリックやアングリカンよりも多くの真理をもっていることを否定はしない。しかし新しくプレスビテリアン国教会が建設されたら、それで宗教改革が終わる、真理が樹立される、とは考えない。ミルトンは、あのカートライトたちが「より徹底した宗教改革」をアングリカンに要求したそのことを、こんどはプレスビテリアン自体に対してさし向けるのである。そしてその背後に、次に出てくる新しい真理観が横たわっているのである。おもしろい個所であるから、少し長くなるが引用してみよう。

真理は実際一度はその聖なる主キリストとともにこの世界を訪れ、見るもいと輝しき完全な姿であった。しかるに、主の昇天したまい、使徒ら主の後を追って死の眠りにつくや、ただちに欺瞞者らの邪悪の群が起こり、エジプトのティフォンが一味の者とともに善良なオシリスを殺した物語にあるとおり、真理の処女を捉えて、彼女の美しい姿態を千々に斬り刻み、四方の風に撒き散らしたのであった。そのときよりこの方、真理の味方として立ちあらわれたほどの人々は悲しみながらも、イシスがオシリスの寸断された体を心配してさがし求めた例にならい、手足一本一本見つけるに従って集めようとして方々を歩きまわった。貴衆両院議員諸君、われわれはまだそれをことごとく見つけてはおらない。また真理の主の再臨までは決して全部を見つけることはないであろう。主はすべての関節や手足をいっしょに合して、それをば善と完全との不滅の姿に作りたもうであろう。……われわれの得た光がわれわれに与えられたのは、絶えず見つめているためではなく、それによってさらに進んでわれわれの知識より遠く離れているものを発見するためである。……世の中には教養の分裂や宗派争いのことを絶えずあざけって、だれかが自分の主義とは意見を異にするのを大変な災難と考えている人々がいる。その騒ぎをひき起こすのは、おとなしく人の言うことを聞こうともせず、人を信服させることもできないくせに、自分たちの綱領の中に見出されぬことはすべて禁止しなければならぬとする彼ら自身の高慢と無智とのためである。真理の体に今なお欠けている離ればなれの肢体を結合することを自ら怠り、人にも許さない彼らこそ、騒擾者であり、統一の破壊者なのである。(訳文は岩波文庫版に従う)

これは聖書の思想の独特な応用である。真理はキリストによってたしかに地上にあらわれた。しかしキリストの昇天のあと、再臨に至るまでの中間時――その中に世界史がある――においては、決して真理の全体を把捉することはできない。これをエジプト神話のオシリスとイシスの例で説明したわけである。人間は結局真理の破片をとらえるばかりである。だから大切なことはそれを手がかりとしてさらに真理の全体を探究することである。他者によってとらえられた真理の破片との接合を試みて、真理の全体へと接近することである。ここに不断の討論と探究の必要が出てくる。

これは真理に対する誠実さを放棄した寛容ではなく、一方において自分がとらえた真理の破片を大切にし、他方それを真理の全体のように絶対化しないで、他者がとらえた真理の破片をも真理の全体性の把握のために不可欠だと尊重していく態度から出てくる寛容なのである。それは自己を相対化する力から生まれる寛容である。すべてのものを相対的であると見なすことによって、一種の自己絶対化におちいる哲学的「相対主義」ではない。ミルトンは、真の絶対者のもとにおいて自己を相対化する。彼が用いるキリストの再臨の信仰は、寛容の精神の裏づけとしてきわめて重要な意味をもっている。つまり、キリスト（真理そのもの）の再臨の思想は、世界史の中に生きる人間にとって、単純に真理そのものが在るとか捉えられたという断定を否定すると同時に、単純に真理そのものは無いとか捉えられないという断定をも否認するからである。単純に真理そのものが在るとか捉えられるとかいう断定を否認することによって、人間の誤った真理保持の立場、自己絶対化の立場を否定して、真理に対して謙虚ならしめ、無限の真理探究へとかりたてる。それと同時に、単純に真理そのものは存しないとか捉えられないとかいう反対の断定をも否定して、真理に対する謙虚が虚無に転落したり、真理探究の道の無限の感覚が精神の疲弊に至らしめるのを抑止するのである。

クロムウェルは宗教的にはミルトンと同じ系統（コングリゲーショナル）に属していた。このミルトンにあらわされている立場が、パトニー会議においてクロムウェルが保持しようとした立場であった。この真理観の転換は、中世から近代への転換における最も重要な思想的根底のレヴォリューションだったのである。

近代デモクラシーの源流は、一方ではレヴェラーに代表される人権意識、他方ではミルトンやクロムウェルが主張し守ろうとした寛容の精神という二つの精神的要素を含むものであったことを、ここで改めて確認しておきたいと思う。

Ⅵ　新しい社会の形成――ピューリタンの栄光と悲惨

国王の処刑

精神の力

この章でわれわれはピューリタン運動のクライマックスに登ることになる。ピューリタンはついに国王を裁判しそして死刑に処したのである。この出来事にひそむ意義を肯定的に見ようとするためには、大きな精神の力が必要であった。今年（一九六八年）は明治百年といわれているが、明治の人間にしてこの出来事を直視した人がいた。それは木下尚江である。時は明治十七年ころ、まだ中学生だった木下はこの物語を聞いたのである。彼は次のように書いた。*

＊『懺悔』（一九〇六年）

チャールズ一世の処刑

万国史の教室において、予ははからずもこの人〔オリヴァー・クロムウェル〕に面会した。予は、彼が英国王を国会の法廷に引き出してこれに反逆人の判決を与え、断頭台上に引き上げて、死刑を行なったことの顚末を見た時に、恐怖か、驚愕か、讃嘆か、名状すべくもあらぬ一種の感慨に打たれて、しばし身も魂も、この世ならぬ夢の裡に酔いしびれてしまった。

この出来事にふれた明治の日本人の心境が、ここに言いあらわされている。明治の人間が天皇絶対主義へと大きく傾いていく中で、木下尚江は、この体験をとおして、完全な反天皇制主義者となっていったのである。それは人間を、また歴史を、変化させるような力にみちた出来事である。

ある日わたしはロンドン塔を訪れて、断頭台と首切り斧を見た。正視に耐えられるような代物ではない。チャールズ一世が、「この台は低い。もう少し高いものはないか」と、護送の長ヘッカー大佐に問うた光景、そしてついに低い木の台に首をかける光景が浮かんできて、言いがたい異様な気持にとらえられた。それはホワイト・ホールの広場に設けられた死刑場の光景である。もちろんその光景は、当時のペン画を見た印象の残像である。処刑台は、バンクエット・

ハウスの前にあって、建物の窓という窓、屋根の上、そして広場いっぱいに、ぎっしり人垣ができている。台上には、今切り落とされたばかりの王の首が、黒装束黒覆面の刑吏の手にぶらさげられている。断頭台に四つん這いにさせられた体の首の根元から血が四条太く噴出している。群集の後方でひとりの人が卒倒し介抱を受けている。この瞬間、群集の中から、これまで聞いたことのないようなうめき声がひびき渡ったと伝えられている。

一〇〇ポンドという莫大な賞金と昇進とを約束して死刑執行人を兵士の中から求めたが得られず、ついに兵士以外から探して死刑執行人としたといわれ、そしてまた、この死刑執行人は数ヵ月後心身消耗して死んだと伝えられ、この出来事は恐るべき無気味な余韻をのこし、全ヨーロッパの人々の心を震撼させた。それは前代未聞の出来事、木下尚江の言葉を用いるならば、「恐怖か、驚愕か、讃嘆か、名状すべくもあらぬ一種の感慨」の中に人々を、否定的にせよ、肯定的にせよ、「酔いしびれ」させずにはやまないような出来事であった。

これは国王の暗殺ではない。公然と裁判にかけ、判決を下し、そして死刑に処したのである。この裁判ははじめから死刑を予想していた。裁判が始まったころ、王党のひとりはこう書いた。

これまでこれほど恐るべき教理がこの世の中に吐き出されたことは一度もなかった。なぜなら、主権者である王侯の身は、もっとも野蛮な国民の間でさえ、神聖なものと見なされてきたからである。たしかに多くの王国で武力が支配し、時には廃位され、のちにひそかに殺害されるということはあったが、しかし反逆も彼らの主君を公の裁判や死刑に附すことほどひどいものは、歴史の中に見たこともない。それは自然法にも、万民法にも、聖書にも反するものである。……国王を裁くとはいったいどんな法廷にできるか。いったいだれがその裁判官になれるか。その死刑を平然と眺めるとは何たる不敬虔な目であることか。主の膏《あぶら》注がれた者(the Lord's Anointed)に斧を振りおろすとは何という腕であることか。

ここに出てくる「主の膏注がれた者」（マシーハァ＝メシア）というのは、この時代に重要な意味をもっていた。旧約聖書の故事に由来する言葉で、神によって王として立てられ、神的権威をさずけられた王を意味する。だから、王を殺すことは、神に対する反逆にほかならないのである。王党からみれば、王の死刑とはまったく恐るべき犯罪にほかならない。

一方にこのような感情が厚く重く人民を支配している。それに対して他方この「主の膏注がれた者」たる王を否定し、そしてついに死刑に処する精神が立つ。それはまるでマッターホルンへの登攀のような、踏みはずすと奈落におちてしまう冒険、精神的登攀にほかならない。

懐疑と確信

革命軍の内部にすらこの精神的登攀に耐えられない人間は決して少なくなかった。それは死刑執行人を兵士の中から得られなかったという一事においても知られるだろう。裁判の遂行自体もいくつかの現実的困難に直面した。当然裁判の法廷に出席すべき総司令官フェアファックスは欠席した。この恐るべき帰結へと、革命軍自体決して平然とは歩を進めることができなかったのである。

この帰結に至るまでの内的なたたかいの姿を示しているのは、ワイト島の司令ロバート・ハモンド大佐とオリヴァー・クロムウェルの文通である。ワイト島は、あのパトニー会議後、にわかに注目をあびたスポットである。というのは、一六四七年十一月、チャールズはハンプトン・コートを脱出して、ワイト島に逃げ込んだからである。そのことが分かってから、ハモンドは国王をカリスブルック城に幽閉し監視の役目を引き受けざるを得なかった。しかしハモンドはこの任務の重さに耐えられず、従兄にあたるクロムウェルに手紙を書き、自分の不安と苦悩を打ち明け、教えを請うた。彼は転任を求めていたのである。それに対しクロムウェルは長い手紙を書き送った。われわれはこの中に革命軍の内部の精神的葛藤のありさま、そしてそれを克服して国王処刑へと心を決していく内面的道程を見ることができるのである。

革命軍は決してレヴェラーのような確信派ばかりではなかった。クロムウェルはハモンドのような懐疑派を身近にもっていたのであり、そしてそういう懐疑派をも説得して国王処刑へと登りつめていかねばならなかったのである。クロムウェルは、ハモンドが自分の責任の重圧を訴え、それが自分にとって「悲しくまた重い」と嘆くのに対し、親愛の情をこめて説得する。彼は言う、それはお前が人間的な見方をもって自分の責任を考えているからだ。「肉的理性《カーナル・リーズン》」ではなくて、もっと霊的《スピリチュアル》な眼をもって今の事柄を見よ、そうするとそこに「神の摂理」が見えてくる。クロムウェルは結局この「神の摂理」に目を注ぐことによって解決を求めるのである。

ハモンドとの間で問題となっていることは、革命の基本理念なのである。ここにもおもしろい事実がある。つまり革命理念をまだ十分に受けとめていない人間が革命軍の中にいたということである。いや、革命理念のもつ恐るべき帰結を十分に受けとめ得ない人間と言うべきであろう。つまり「主の膏注がれた者」としての王の神権に対して、心の中に畏敬の念が残り、その王に手をかけることはどうしてもできないという人間である。このような人間にとっては、国王裁判や処刑は不可能なことである。端的に言えば、国王神権説や国王に対する受動的服従の倫理を完全に克服している精神でなければ、このクライマックスに登りつめる精神的な力をもっていないのである。

クロムウェルはハモンドに対し、革命理念の正当性をくりかえしてのべる。根本問題は、権威は神からのものであるが、特定の政体は人間的設立であるという主張である。これは一六四二年にインディペンデントの牧師ジョン・グッドウィンによって主張されたものである(一四六頁参照)。それをクロムウェルは一六四八年にくりかえしている。この理論によれば、王や王制そのものが神の制定ではないということになる。したがって王への抵抗は、決して「神」への反抗ではないのである。クロムウェルはこうして王への抵抗へと立ち上がった革命軍の正当性を、三つの点から考えることをすすめる。第一は〈人民の福祉〉が最高の法だということについて。つまり革命軍は〈人民の福祉〉のために闘っているゆえ、最高の法にのっとった行為をしているということである。第二は国王との和解という道が、果たして〈人民の福祉〉を確保することになるかという問題である。これまでも和解は何度も試みられ、そしてクロムウェルもそのことを求めてきたが、この第二次内乱は、その道を封じ、国王の存在が〈人民の福祉〉のさまたげになるという状態が見えてきたのである。クロムウェルはそれを考えさせようとする。第三はこの軍隊が神によって召し出された正当な権利をもつ軍隊ではないかという点である。クロムウェルはこの主張の背後に、もし神によって正当に召し出された軍隊でないならば、国王軍に対しこれまでこれほどの勝利を収めることができないという確信をいだいていることは間違いない。つまり神の摂理がこの革命軍を用いて国王軍を打ち破るというところまで行ったという確信である。

親愛なる友よ。摂理へと目を注ごうではないか。それはたしかに何ごとかを意味している。……今日「聖徒」と呼ばれている神の民からその名を奪いとろうとする邪悪な意図がみなぎっている。しかしこれらの「貧しい聖徒」は、武器をとり、防衛のたたかいにおいて祝福を受けたのである。しかもそれをこえることまでも！　わたしは受動的服従の立場をとる者が、この事実を軽視しないで欲しいと思う。……君は神の民をこの方向に傾けている摂理をどう考えるか。とくにこの貧弱な軍隊の中に、その中に、大いなる神は姿をあらわしてくださったのだ。

ここにクロムウェルの思想の内的光景がみえる。クロムウェルは決して最初から国王との和解を考えなかったのではない。しかし事態の大きな推移は、革命軍が国王軍を最後決定的に打ち破り、この貧弱な軍隊が勝利をえるまでに至ったのである。ここまで神の摂理が導いたのである。ここに国王処刑へと精神を確定せしめる根拠がある。その反面はなにか。それは「この男〔チャールズ一世〕に神は敵となられた」という厳粛な事実である。チャールズのあらゆる奸計は成らず、自らこの敗北におちいった。神が見捨てるとき、王はその栄光をすべて剥奪された、単なる一介の罪人にすぎなくなるのである。人間はそこで「受動的服従」から解放される。国王神権説と受動的服従からときはなたれた精神のみが、このクライマックスへと登りつめることができるのである。

裁判と死刑

議会によって、国王を裁判するため、特別法廷が設立されたとき、ピューリタンの一派第五王国主義者（フィフス・モナーキー・メン）は、旧約聖書の神秘的な預言書ダニエル書に出てくる「日の老いたる者の座」がそこに設置されたと見た。「日の老いたる者」とは神をあらわす。神の審判の座とそれを見なしたのである。第五王国主義というのは、ダニエルの預言の中にある四つの獣のまぼろしにもとづいて世界史を四つの大きな時代に区分し、アッシリア、ペルシア、ギリシア、ローマの四つの帝国的支配のあと、第五の王国として平和と正義のキリストの支配がはじまるという、一種の歴史哲学を用いた政治思想である。一六四九年という年において、彼らは第四王国であるローマの支配が終わりを迎え、そして第五王国が開始するという偉大な世紀転換を感じとったのである。

国王裁判はたしかに、たといそれが第五王国主義者のいうようなキリストの千年王国《ミレニウム》の開始ではなかったにせよ、決定的な世紀転換の現実的な動きであった。そこには重大な理念の闘争があった。一六四九年一月二十日、第一回公判が開かれ、「大いなるわざ」の開始に参与するという自覚をもって高揚した精神のジョン・クックは、国王の告発文を読んだ。「このチャールズ・ステュアートは専制君主であり裏切者であり殺戮者であり、イギリス共和国の公敵、和解不能の敵である」。チャールズはこの歴史的瞬間、不屈にも笑いながらこの告発を聞き流した。これを見た裁判の判事ラドロー大佐は、「この戦争において流された血に何の責任もないかのような厚かましい顔つき」と怒った。他方国王派は、「まるで友がきの中にいるかのような落着きと不撓の勇気」と感嘆した。

この裁判は、国王がまっこうから裁判所の権威を否認し、彼自身の神権を主張することによって、この世紀転換の動きを激烈なものにした。たとえば、かりに、チャールズ一世が、戦後の天皇のようにあっさり「人間宣言」するほどに状況への即応ができたら、もっと早く、そして彼の生命の価を支払うことなしに、のちの英国王室がとるに至った立場へと移行し平和を確立できたかも知れない。しかし国王神権説はイギリスの歴史家ウェッジウッド*女史が言うように彼の「信仰箇条」なのである。この状態は、日本に結びつけて考えれば、あたかも天皇が「現人神《あらひとがみ》」の思想を固持し、戦後の新憲法を断固受けつけないかのようなたぐいの対決である。

* C. V. Wedgewood. *The Trials of Charles I*, 1964

チャールズは裁判長ジョン・ブラッドショーに反問した。「どういう権威《パワー》によってわたしがここに召喚されたのかを聞かせてもらいたい」。「わたしはどういう権威、どういう合法的な権威によってかということを知りたいのだ」。チャールズは芸術愛好家で政治性の足りない、また口べたな、どもりぐせのある人だったそうだが、この裁判では言うべきことをはっきり主張する雄弁有能な政治家であった。裁判官たちや傍聴人たちを前にして、彼は王としての権威を固持して訓戒する。

よく考えてみよ。わたしは諸君の王なのだ。諸君の合法的な王なのだ。何という罪を自分の上に来たらせようとしているのか。何という神のさばきをこの国にもたらそうとしているのか。よくよく考えてみよ。そう、よくよく考えてみるがよい。諸君がさらに大きな罪におちこむ前に。わたしは、神によって、古い合法的な王位継承によって、わたしに与えられた信任《トラスト》をもっているのである。わたしは新奇な不法な権威に答えることによって、それにそむくようなことはしない。だからそれを取りのぞけ。そうすればわたしは諸君にもっと語ろう。

裁判長ブラッドショーは、国王がすでに読まれた告発状に対して答えることを、「あなたを国王として選んだ英国人民の名において」勧告する。しかしすぐさま国王はこの「選んだ」という言葉をとらえて反論する。「英国は決して選挙制の王国ではなく、世襲制の王国であり、一千有余年の間そうであった」。完全な憲法原理の対立である。ピューリタンの契約理論が、ここで国王の世襲的王制の理論と抗争しているのである。そして王は神と世襲的継承とによって王となり、英国人民の自由と平和を守ろうとしてきたと主張した。

この王の主張はしかし現実的な反証によってくつがえされた。法廷の権威の否認のまま、二十四日には証人の証言が行なわれ、一六四二年八月の戦争開始以来、国王がこの戦争の最高責任者であることが明らかにされた。これは王が人民に対して起こした戦争であり、それゆえ王が人民の自由と平和の擁護者であるという主張は証拠だてられないし、王が戦争の最終責任者であることもまぬがれない事実であった。

二十七日、ついに判決が下された。ブラッドショーの判決弁論は、革命の理念的総決算ということができよう。これは四十分ほどの長さの弁論で、そこで彼は国王の主張する憲法原理にまっこうから対立し、それを否認する新しい憲法原理を提示した。彼はまずこの戦争に関わる原理問題についてのべ、国王は法の下位にある存在であり、法は議会から、そして根本においては人民から出発するものであると主張した。そしてそれを十三世紀イギリスの法律家ブラクトンやその他の古い権威によって立証し、さらに貴族戦争（一二六四―六七年）のことに説きおよび、貴族たちによってはじめられた自由のためのたたかいは、今日の議会に受けつがれたという認識を披瀝した。王の職は「委託による職務」にすぎず、王たる者はその委託を遂行する義務をもつ。それは古い法であるとブラッドショーは主張した。さらに議会についてのべ、議会は国家にとって正義の最高法廷である。王は選出された存在であり、また即位誓約によって、人民の保護のため議会を召集しなければならないはずなのに、かえって「この国の基本法をくつがえそうとし、人民の自由の偉大な砦である議会を顚覆しようとした。それは英国の自由と財産を破壊しようとするものである」。そう論じて彼は革命理論の中核である社会契約の思想を次のようにのべた。

国王と人民との間にはひとつの契約《コントラクト》と取引きとが立てられている。そしてあなたの宣誓がなされている。たしかに契約《ボンド》は相互的なものである。つまりあなたはその関係で君主であり、彼らは臣下である。……このひとつの結合、ひとつの契約は、君主にとっては保護の契約であり、臣下にとっては服従の契約である。もしこの契約がひとたび破られれば、王権もそれまでである。……そもそもあなたは、職責によってそうであるべきはずなのに、はたして英国の保護者であったか、それとも破壊者であったか。

今や契約を破ったチャールズは王としての義務をやぶった者であり、人民も服従の義務から解放される。チャールズはこの弁論を聞き、最後に判決が下される前に、一言発言させよと求めた。しかしブラッドショーは、「あなたはこの法廷を法廷として認めなかった。だからこの法廷を法廷として認めない限り、発言は許されぬ」と答え、いよいよ判決を下すことになった。

チャールズ・ステュアートは、専制君主、反逆者、殺戮者、公敵として、彼の頭を、彼の体から切り離すことをもって、死刑に処せられる。

公判が開始されて約一週間、この恐るべき結末が今や現実となった。裁判参与たちは全員起立してこの判決に賛成を表明した。

チャールズはこの結末を決して本気に予想しなかったようである。彼はこれまでも非現実的なオプティミズムをいだく傾向をもっていた。この判決を聞いて彼は驚き恐れて、「わたしの言うことを聞いて欲しい」と叫んだ。しかし死刑の判決を受けた者は死人と同然の取り扱いを受ける。発言は許されない。ブラッドショーは否認し、護衛兵を促した。チャールズは「どうかもう一度発言させてくれ」と叫びながら、兵士たちに引きつれられて行った。

王制もともに

それから三日後、一六四九年一月三十日、死刑が執行された。彼は王のままで裁判を受け、王のままで処刑された。あの告発文を読んだジョン・クックは、「彼は死なねばならぬ。そして王制も彼と共に死なねばならぬ」と言ったが、まったくそのように、王制もともに滅びたのである。そして王制の終焉とは、古い伝統的な時代の終末でもあった。かつてストラフォードは、王の存在は「秩序と政府のアーチをおさえる首石《おやいし》」であると言ったが、たしかにそのとおり王は古い社会秩序の統合のシンボルであった。今この首石がとりのぞかれたのである。古い社会はここに決定的に崩れおちたのである。

三月十七日王制廃止が布告され、五月十九日共和国宣言が出された。

約百年におよぶ長い苦しみにみちたピューリタン運動は、国王処刑というけわしい出来事を冒して、そのクライマックスに登りつめたのである。大きな歴史の転換を彼らは自らの力をもってつくり出した。それは新しい時代を打ち開く行為であった。彼らは「キリストの王国」が輝き出ることを待望した。ピューリタンの栄光の瞬間であった。

近代世界のジレンマ

新しい時代

王を殺した英国は、まったく新しい時代に足を踏み入れた。王の時代が終わり、これから王なき時代が始まる。王の時代は、短くみれば、宗教改革以後のいわゆる絶対主義の時代である。絶対主義的王制は、中世社会においては、少なくとも原理的には、不可能であった。その上に教皇の支配があったからである。しかし、精神史的には、王の時代はきわめて長い伝統をもつものである。さきにものべたが、革命時代の王党の理論家ロバート・フィルマーは『父権論《パトリアーカ》』という論文を書いて国王を擁護した。フィルマーは王制を旧約の族長時代（創世記にあらわれ出る人物の時代）にまで遡及させて基礎づけようとしたのである。王制とは人類と共に古いという見方である。そして王制は政体として人間の本性に合致するものをもっている。フィルマーも父と子との類比を用いて君臣関係の倫理を説いた。自然的秩序の考えである。

人類と共に古く自然に基礎をもった王制を克服するということは、きわめて深い克服である。この行為に力を与えていたものとして、聖書の存在は重要であった。というのは、フィルマーのような理論は、より正しく説得的な聖書の読みをとおしてのみ超克できるものだからである。宗教改革以来、聖書は民衆の手に渡された。そして彼らは聖書を読んで、王制が決して人類と共に古いものではなく、歴史的にはむしろ旧約のイスラエル民族社会に、後からまた外からとりいれられた理念であり制度であることを知ったのである。そして王制の設立そのものが神の支配に対する民衆の反抗を含むものであったことをも学んだのである。それはとくにサムエル記上第八章の記事においてである。イスラエル民族は王なき時代をそれ以前にもっていた。しかもそれは神が支配する時代であり、神が必要時に立てる一時的な指導者（血統による指導者ではない）によって治められた社会であった。

とにかくイスラエル民族に王制がとりいれられてから（紀元前一〇〇〇年頃）この時まで二六〇〇年の長きにわたる王の時代が、今やはじめて克服されたのである。神を王とした真に古く良い社会の在り方がここに回復されたのである。広く世界史を見渡してこれほど明確に王制を克服したのは、この出来事をもって最初とすると言わねばならないであろう。

この新しい時代は、人間を根底から切り換えるような変革の生起といわねばならない。一六四九年という年が、それゆえ、この変化にある感覚をもつ英国人民の間に、異常な精神の高潮を生み出したということは、十分理解しうることなのである。一六四九年四月一日、「ディガーズ」（土掘り人たち）と呼ばれた一群の人々が、サリー州のセント・ジョージ丘の共有地にくわを打ち込んで開墾を始めた。これは象徴的な行為であった。チャールズの死刑によって新しく開始される時代は、土地にまで及ぶような大解放を含んでいる。そう彼らは信じ、くわを振るいながらその解放を体験しようとしたのである。指導者ジェラード・ウィンスタンリーは言った。

土地は万人のために造られた。そして真の宗教とは、すべての者にそれを享受せしめよということである。それゆえ、イングランドの支配者である〔人民〕諸君よ、王的権力がわれわれから奪った土地の回復をなしとげられよ。しいたげられたもの〔土地〕を解放せよ。きたりて回復の力であるキリストをあがめよ。そうすれば諸君は休みを与えられるであろう。

父は誰か

フィルマーは王と人民との関係を、ジェームズ一世にならって、父と子の自然的関係と見なした。王制の克服とはこの倫理思想の克服を含まねばならない。そこに革命時代の精神的発展があった。パトニー会議の席上、アイアトンがモーセの十戒の中の第五戒「汝の父母をうやまえ」という命令をとりあげて論じた時、レインバラはそれに反問した、「わたしはわたしの父母が誰なのか知りたい」。これはまことに印象的な反論であった。わたしの父は誰か。この問いの答えはフィルマーや王党派の人びとにとってはきわめて明白である。それは国王である。ところが革命軍の内部には、このような問いがおこっていた。そして国王を殺したということは、このレインバラの問いを、国民的現実となしたのである。

新しい時代の深奥に横たわる根本問題は、「父は誰か」という問いである。近代人は「父」が誰かわからない、いわば「みなし児」のような存在である。しかし社会秩序は正当な政治権力の樹立なしに保持しえない。国王を殺したあと、近代人は新しい父を発見しなければならないのである。

ピューリタンはこの大きな歴史転換に際会して、新しく開けゆく社会を「キリストの国」のイメージで画き、その実現を待望した。父は神でありキリストでなければならないというわけである。しかし現実問題としては神やキリストのような超越的存在ではなく、もっと現実的な政権者によって早急に共和国を確立し、それを運営する政府が樹立されねばならないのである。現実的には、専制的な王制にかわる人民の自由と幸福を実現する共和制の建設ということである。そしてこの共和制は全人民的基礎の上に立つものでなければならない。政権が必要であることは明らかだが、政権者つまり「父」は、全人民的基礎をもつ存在でなければならない。具体的にはレヴェラーが主張するような普通選挙権を基礎とした選出によらねばならないのである。

たしかに近代社会の大統領制は、この「父」を発見しそれを一定期間だけ立てる方式だと言えよう。

この場合、この「父」は、存在的な「父」ではなく、機能的な「父」である。父らしい、つまり王らしい機能を果たす存在が発見され立てられるのである。本当の「父」は神なのである。この神をだれも完全に代表することはできない。こうして神の超越を徹底させた場合、セオクラシー（神政政治）はデモクラシーに転回するのである。

問題はこの「父」を容易に発見できないということにある。それは真理の全貌が容易にとらえられないのと同じである。革命の経過の中でクロムウェルが最高の存在となってきたことは明らかである。しかしクロムウェルは革命軍の指導者であり、国内のいろいろな反対勢力を征服してここまできたのである。革命軍は、クロムウェルがハモンドを説得したように、〈人民の福祉〉のため、そして〈神の摂理〉を世界に実現するために闘ってきた。しかしこの究極の勝利を得た時、革命軍ははたして全人民の立場を代表していると言うことができるだろうか。事実として国王処刑に登りつめる者はごく少数だったといわざるを得ない。クロムウェルはこの少数派の頭目としてこの新しい時代の劈頭に立っているのである。

ジレンマ

国王処刑の数日後、『エイコン・バシリケ』（『王の像』）と題された書物が匿名で出版され、とぶように売れ出した。これは王の主張を弁護し、王を殉教者のようにまつりあげたものであった。政府はこれまで革命軍が掲げた自由の旗章のゆえに、この問題の書を取り締ることができない。一六四九年の一年間に三十六版も出た。こうして王の死刑後の英国人のムードは、チャールズの追墓へと大きく転回されていったのである。

ジョン・ミルトンは三月にクロムウェルの共和国政府の外国語秘書官とせられ、王の処刑における英国人民の立場をヨーロッパ諸国に向かって宣伝する役目を引き受けた。そしてこの書物の蔓延に対抗するため、『エイコノクラテース』（『偶像破壊者』――『エイコン・バシリケ』の「エイコン」は偶像の意味をもっている）という一書を出版し、大いに論駁につとめた。その中でミルトンは、「腐れ果てた性根をもった連中が、この男〔チャールズ一世〕の像と思い出の前にひれ伏して拝もうとしている」と、英国人をはげしく非難した。ミルトンが革命の初期に、自由のために立ち上る優秀な民族として英国人民に対する讃美を惜しみなく吐露していたことを思うと、このような英国人民に対する非難の言葉は、まったくアイロニカルと言わねばならない。やがて王制復古となる、ミルトンは英国人民に絶望し、『楽園喪失』を書くのである。

多数の英国人が王なき新しい時代に向かって建設的に進まないで、かえって死んだ王の思い出にしがみついているとすれば、共和国の建設は困難なことと言わねばならない。ミルトンは、英国人民の多数が王に固着している精神状態を、クロムウェルがハモンドに書いたのと同じ言葉、「肉的《カーナル》」という言葉で言いあらわした。「肉的」というのは「霊的《スピリチュアル》」に対する概念である。「肉的」な精神状態は、この場合、現実的に国王を父とし、人民を子とする自然的秩序の束縛を脱却できない状態を示す。「霊的」な在り方はその状態から〈自由〉となった精神状態である。つまり時代が大きく転換して新しい社会が建設されねばならないこの時、人民に求められることはこの〈自由〉なのである。それは古い伝統的なものからの〈自由〉である。この自由をミルトンは「救い主〔キリスト〕がその血をもってあがないたもうた聖なる自由」と見なしてきた。ミルトンはイエスの言葉「カイザルのものはカイザルに、神のものは神に」という句を自己流に用い、われわれの自由はカイザルのものではない、だからカイザルには渡さない、と主張した。そのように人民ひとりびとりによって自覚的に保持され行使される自由が、新しい社会の建設のための人間的前提となるはずであった。

ところが新しい時代の冒頭に立つ英国人民は、この〈自由〉を全般的に保持するまでに至っていない。つまり過半数は依然として古い伝統的なモラルにとらえられているのである。ここにジレンマがある。つまり〈自由〉や〈人民の福祉〉が、全人民的な現実ではなく、急進的な少数者がになっている理想にすぎない時、はたして「全人民のため」ということは成り立つだろうか、という問題である。現代においては、これと類似のジレンマに、アメリカはベトナムで巻き込まれている。アメリカが言う〈自由〉や〈デモクラシー〉は、ベトナムにおいては全人民的な現実となっていない。少なくとも現在の段階ではそれは全人民のためとは言うことができない。だから〈自由〉や〈デモクラシー〉は安定しない。確固たる全人民的基盤がない。その場合、〈力〉が呼び出されてくる。強大な〈力〉によって、人民的支持のない理念を守護したり強制したり、あるいはそのために人民を殺したりするのである。

このジレンマは、クロムウェルが直面したジレンマに通じるものがある。クロムウェルもまた人民によって支持されない〈人民の福祉〉を独裁的な力によって守らねばならないのである。このジレンマがクロムウェルを独裁者にした。彼は本来決して権力欲にとりつかれた独裁者ではなかった。その点でヒトラーのような独裁者と同一に考えられない。クロムウェルはこのジレンマから〈力〉の立場をとらざるをえなかったのである。

諸君にあえて言う。わたしは一度だって権力を欲したことはない！……むしろ森のそばに住んで羊の群を飼っている方がましだ。こんな政府を動かしているよりは。神の召命でやっているのだ。（訳文は今井宏氏の『クロムウェル』誠文新光社、一九六一年による）

クロムウェルは怒りにみたされてこう叫んだが、これは彼の本心をよく表わしている。

権利と資格

新しい時代、それをわれわれは近代社会とよんでよいと思うが、もし近代社会が王をもつことなしに社会秩序を形成しようとするならば、結局デモクラシーが確立され健全に運営されることによらざるをえない。あのピルグリムたちの牧師ロビンソンが教えたように、「真に全体の幸福を愛し求め、これを増進させるような人物」を選出し、そしてその人の政治に対しては「あら

＊本書は一九六八年初版。

ゆる正当な尊敬と服従と」をささげることによってのみ、新しい社会は成り立っていくのである。たしかにデモクラシーは、レヴェラーが主張したように、普通選挙権によって全人民の参与がなければならない。しかし、もし『エイコン・バシリケ』をむさぼり読み、古い伝統的なモラルに固着しているひとりびとりにまでひとしく一票を与えたら、どういうことになるだろうか。共和国は崩壊し、王制に戻るであろう。はたしてデモクラシーを全然理解せず尊重しない大衆にまで、デモクラシーの原理のひとつである同意の原理は適用されるべきなのだろうか。

クロムウェルが健在で強大な権力を握っていた間は、この根本的なジレンマは新生共和国を分裂させるまでには至らなかった。しかしクロムウェルは一六五八年九月に死んだ。そのあとでこのジレンマは実際に共和国を破壊しはじめる。クロムウェルは徳川家康のような永続的社会秩序の建設者ではなかった。そういう意味で彼はまったく政略的ではなかった。国王となることも勧告されたが、それを拒絶した。最後に後継者として自分の子リチャードを指名したが、その時でさえ彼はリチャードを十分国政を担当できるほどまでに育てることはしないでいた。結局彼の思想は神の摂理に対する信仰によって根本的に規定されていたのである。裏返していえば、それは人間的な策を用いないということになる。彼はたしかにトレヴァー＝ローパー教授が批判するように、権力を獲得したとき何の政策をももっていないとみられるところがある。しかしそれは、彼が革命によって生み出した新しい社会がもつ、本質的困難に由来する。彼が革命によって造り出した新しい社会の中には、彼がチャールズに代る王となることによっては解決されない諸要素が新しく芽生えていたからである。彼自身がこの新しい社会に不慣れであっただけでなく、人民的基盤もできていなかった。こうして彼は、さまざまの矛盾が社会を分解しないように、力で抑えつけてしまったのである。彼は死の床で次のように祈っている。

主よ、わたしは主の民のために汝のもとにまいるでしょう。行きたいと思います。汝は、このまことに価値なき者にもかかわらず、わたしをして彼らのための何かよきことをなし、また汝に奉仕をなすささやかな器《うつわ》としてまいりました。多くの者はわたしにあまりに高い価値を帰しています。しかし主よ、汝はわたしをとり除き、なおも彼らのためよきことを続けてなしたまいます。彼らに正しい判断とひとつ心と相互の愛をあたえ、そしてなおつづけて彼らの解放をなしとげて下さい。そしてキリストの御名をこの世界に輝かして下さい。汝の器を高く仰ぐ者をして、それよりも汝自身により深く信頼することを教えたまえ。

クロムウェルの死後、ジレンマは表面に出た。ピューリタン革命を通じて成長してきた全人民の立場、そしてそれを具体的に普通選挙権をもって実現しようとする立場が、今度は逆に革命の全成果を根本からひっくり返す原理として作用してくる。デモクラティックな手続きによって、デモクラシーを破棄するという結末に至らざるを得ないのである。この問題は、デモクラシーがシーザリズム（カイザル主義）に転換するという問題と同質の問題である。デモクラシーの手続きを経て、デモクラシーとはまったく反対のカイザル支配へと転向する、それは古典的にはユリウス・カエサルの場合、現代的にはヒトラーの場合に見出される。だからこそレヴェラー的「同意」の原理だけではデモクラシーは保持できないのである。

この問題に真剣にぶつかったのもミルトンであった。彼は人権よりも権利を行使する人間の資格を考えざるを得なくなるのである。デモクラシーはそれを支える人間の問題である。単に権利の主体ではなく、その政治制度を健全に運用する資格をもった主体が成立していなければ意味がない。つまり、新しい社会の形成のための人間の条件が問題になる。それはさきにのべた〈自由〉を自覚的に保持し行使するような人間でなければならない。新しい社会はこのような資格をもった人間によってはじめて堅固に建設され、健全に運営されていく。ところが実際は英国人民は国王を求めるしまつである。この新しい社会を経営するのは相当高いレベルまで上昇した精神的基盤が必要であるのに、現実にはそれができていないのである。

結局デモクラシーというのは、リンゼイ卿が正しく見たように、ピューリタンの信者の集り《コングリゲーション》の内部での企てなのである。それを近代社会は世俗的社会の中に応用しようとしているのである。そこに根本的な困難が横たわる。ピューリタンの信者の集りにおけるデモクラシーは、明らかに〈資格〉をきびしく要求した。それはひとりびとりが「見ゆる聖徒《ヴィズィブル・セイント》」つまり自覚的な信仰者であるということである。クロムウェルもこの「聖徒」という言葉を用い、とくにそれを彼の軍隊に当てて言った。それは前にも言ったとおり、決して東洋風の聖人君子という意味ではない。自覚的に信仰に生きる人間である。そのような「聖徒の交わり」（コミュニオン・オヴ・セインツ）においてのみ、デモクラシーは成り立つのである。「聖徒」になるための基本的条件は〈コンヴァージョン〉（回心）である。

ミルトンはこのような「聖徒の交わり」に要求されるような資格を、一般社会のデモクラシーのための人間の条件として考えようとする。しかもそれは〈コンヴァージョン〉によってではなく、〈エデュケーション〉（教育）によって与えようとするのである。ミルトンは「教育」ということで、決して単なる知識や技術の教育ではなく、信仰をも与えるような深い教育、いわば宗教教育を考えたのである。このような教育によって、人民の資格を高め、そのような向上によって共和国が守られるものと考えたのである。しかしその前提が全人民に及ばない場合、実際には資格ある少数者のリーダーシップによる政治と化する傾向もここに芽生える。

近代社会が王なき社会としてデモクラシーを求める限りにおいて、そこにひそむ根本的ジレンマは、クロムウェルの軍隊が教会をまねたように近代社会も教会をまねるところにあると言わざるを得ないであろう。人間的な条件をつくりあげねばならないが、問題は教育によって回心が生み出せるかということである。近代社会は契約化し機能化して、その外的相貌においては教会に類似したものへと化してくる。しかし決して教会にはなれない。課題は〈コンヴァージョン〉を避けて、どうして〈コンヴァージョン〉の結果を得るかということであろう。そのようにして人間的条件が整えられたとき、王なき社会としての近代社会は健全に運営できるからである。それは人間の魂にまで及ぶ文化大革命が宗教的な道によらないで遂行されうるかどうかという可能性の問題にもつらなる。

日本は戦後王なき社会の問題にぶつかりだしたといえよう。いったん王なき社会の形成へと大きく足を踏み出すとき、われわれは近代社会にひそむ深刻なジレンマに直面せざるを得ない。近代社会は、このジレンマのゆえ、本質的に「インターレグナム」(中間時代)に終わる運命に脅やかされているのである。しかしそれにもかかわらず、国王を死刑に処した後、近代人は決して王政復古によっては解決や満足をもつことができないであろう。ピューリタンたちはこの大きな世紀の転換の中に立って、「キリストの国」を待望した。この希望が空しいものに終わったことはたしかである。しかし中世から近代への変動の中で、新しい時代がその真の支配者としてキリストのような王を待望したのは、まったく無意味な幻想であったかどうか。

主よ、あなたはオリヴァー・クロムウェルにわたしたちを統治させようとされるのですか。それともキリストに統治させようとされるのですか。

これは一六五三年、独立派・第五王国派の伝道者ヴァヴァサ・パウエルの疑いにみちた祈りであった。近代の人間はどのような政治家にも満足できない。それは、近代世界がキリストのような王なしには本当の解決をもちえないからである。近代の人間の心の奥底には、その時以来ひそかなるメシヤ（キリスト）待望がめばえているのである。

終章　近代世界の世俗化

宇宙と歴史

世界はもはや静けさや落着きをもった場所ではない。世界はもはや人間の生をあたたかく保護する母なる大地ではない。それは〈近代化〉とよばれる世界史的変動によって根底から揺り動かされている。巨大な岩塊が熔岩と化して流れ出すように、世界全体が流動化しつつある。この変動はわれわれの眼にみえる外面的な事実でもある。実際に大地の光景が変わりつつある。森や田園が工場地帯と化し、山がけずられて住宅街と変わり、都市が怪物のように農村を呑みほして拡大していく。〈工業化〉とか〈都市化〉とか名付けられている社会変動である。

こういう変動はたしかに比較的最近の現象であるが、しかしその動きは、それだけを切り離して観察するのではなく、人間の歴史全体との関わりにおいて理解するならば、はるかに古い深い起源をもつことが認められるのである。われわれは思想史的関心をもってその起源を探求してきた。それこそ世界史における真の根本的な転回の出来事である。工業化や都市化のもっと奥にある人間や社会の深層構造の変化である。

現代の人間は、たしかにこの工業化や都市化の影響をその心身に受けている。毎年多くの青年男女が農村から都市へと流入してくる。このような移動は、単に農村出身者だけでなく、現代の人間全般に及んでいる。現代はあの民族大移動にも匹敵する、人間の移動の時代であると言っても過言ではないだろう。空港を含めたすべての交通機関のステーションの混雑はそれを表現している。こういう人間の移動は、しかし、決して外面のことだけではない。人間の外面の移動だけではなく、内面の移動である。住みなれた家や郷里から追い出されるように、別の生き方へと人間はかり立てられている。それは人間が定住的であった生き方から移住的な生へとかり立てられていくような転回である。工業化や都市化がもたらす〈移住〉は、現代の人間が根源的にかり立てられている内面的な〈移住〉の現象的形態とみられるであろう。それは人間の本質的移住につきまとう影のようなものである。

われわれは人間が本質的に移住的になる転回点をピューリタニズムの中に見てきた。もし現代の人間も、あのアブラハムのように、出立しなければならないとすれば、われわれは現代の人間の原型を、近代初頭において旅人のような在り方へとはいっていったピューリタンにおいて見出すことができるだろう。ピューリタンもアブラハムのような旅人であった。もちろん現代人は自分がピューリタンであることを自覚できないし、ピューリタンのような信仰もない。そして一見社会変動の結果、意図せずしてピューリタンのような旅人にさせられているように現象する。彼らはピューリタン・インコグニト（匿名のピューリタン〉である。いな、単に匿名であるだけでなく、堕落したピューリタンであるかも知れない。しかしどんなに堕落しても、ピューリタン的な生の性格である旅人性を捨て、どこかに精神の定着を見出せるほどにまでピューリタンであることをやめることができるかというと、決してそうではない。ユダヤ系ドイツ語作家カフカの『城』の主人公ヨーゼフ・Kのように、現代の人間はどうしても定着できない存在となってしまった。なぜカフカの小説のような特異な文学が、国籍を問わず現代の人間に理解されるようになったのだろうか。フランスの哲学者メルロー・ポンティの言葉をかりれば「マニエール・デートル」（存在の様式）が共通しているからである。それは共通の世界構造によって規定されていることによる。近代世界は最初ナショナリズムが強く支配したが、真実はその中にもっとインターナショナルな普遍的な人間の形成の動きがある。世界共通の存在の様式が出来つつある。やがてナショナルなものを脱ぎ捨てるまでになるだろう。それは土着の普遍性ではない。未来の普遍性である。そこに向かって現代の人間はみな出立せしめられている。あるいはこう言ってもよいだろう、〈エミグレ〉あるいは〈ピルグリム〉としての運命における普遍性である、と。

われわれはあえて近代と現代を区別しなかった。どちらもモダンである。そこには中世とはちがったモードがある。生のモード（modus vivendi, mode of living）がちがう。中世の人間は、序章に用いた例をもう一度用いるならば、大きな岩塊の中にほうり込まれた〈浮彫〉のようであった。その背面は全体と密着していた。ソリッドな岩で結ばれたソリダリティ（連帯性）があった。しかし岩塊は崩壊し、人間はまったく別様な生へと投げ出された。熔岩の流れの中を進むように、人間は途中でとどまることができない。途中でないような地点がない。どこまでも途中である。途中でなくなるところ、つまり終点は、この熔岩の流れがとまり、そこに安定した地盤をもつ平野ができた時であろう。ミルトンはこの大きな岩塊を模様替えするような宗教改革にとどまることを認めなかった。アングリカンの主教制をプレスビテリアンの長老制に置き換えるだけで宗教改革が終わるとは思わなかった。彼は「宗教改革それ自身を宗教改革する」ことを命じる神を頭上に感じていた。だから無限の改革運動が続くばかりとなる。流動はおさまらない。どこにその終わりがあるか。ミルトンの念頭にひらめいたことは、キリストの再臨といった神秘な未来であった。だから世界史は途中に完成をもたないのである。こうして中世を出立した人間は、はるかなる世界史の道へと踏み出すのである。ミルトンが『楽園喪失』の最後でえがくように、アダムとエバは手をとりあって世界史へと下り立っていくのである。

ルーマニアの宗教学者エリアーデは彼の名著『宇宙と歴史』*の新しい序言で次のように書いている。

古代的伝統的社会の人間と、ユダヤ・キリスト教的影響を強く受けた近代的社会の人間との間の主要な差異は、前者が自己自身を宇宙や宇宙の循環と密接に結び合わされているように感じているのに対し、後者はただ歴史と結び合わされていると主張するという事実に存する。

近代の人間の場所は、宇宙《コスモス》ではなく、歴史《ヒストリー》である。中世のキリスト教思想は、ギリシア的宇宙を受けいれた。カール・レーヴィットが言うように、中世の世界観は「アリストテレス的プトレマイオス的世界像をキリスト教化した」だけである。中世はキリスト教とギリシア文化の総合を実現した。そのためにはキリスト教自体の改造をも果たした。それがドイツの神学者ハルナックのいうキリスト教の「ヘレニジールング」（ギリシア化）の現象である。それは結局は聖書の歴史的世界観を非歴史化することであり、それによってギリシア的な宇宙存在論的哲学と接合することが可能となったのである。こういうわけで中世キリスト教世界においては、聖書的な歴史的世界観をもつ信仰は、モンタニズム**やドナティズム***のような異端的傍流もしくは底流として細々と流れていたにすぎない。

宗教改革以後、歴史的世界観は、宗教改革運動の聖書主義にになわれて大きく台頭してきた。とくに聖書主義はピューリタンの特質であった。第三章で出てきたエイムズの『神学の真髄』は、キリスト教神学の中からギリシア哲学的なものを徹底的に排除一掃してしまった書物である。聖書主義はピューリタン思想の特徴である。ギリシア的な宇宙存在論で改造されてしまったキリスト教を、聖書的な本来的

---

* Mircea Eliade, *Cosmos and History*. 1959
** 二世紀後半、小アジアのフリギヤでモンタヌスが導いた、聖霊降臨を強調する終末論的運動。
*** 四世紀から五世紀にかけて北アフリカに広まった厳格主義の一派で、アフリカ教会から分離し、異端とされた。

なキリスト教に回復する、これがピューリタン的宗教改革の大きな課題であった。しかもピューリタンはそれを単なる思想上の転回にとどまらず、それによって人間も社会も現実的にリフォームしようとしたのである。中世とはまったくちがった姿へと世界全体を改造しようとしたのである。こうして中世の大きな岩塊は一定の方向へ向かっての変動となった。つまり近代世界の変動のかたちは、宇宙《コスモス》から歴史《ヒストリー》へ、つまり〈歴史化〉ということなのである。人間も世界もすべて歴史化していく。ドイツの神学者ゴーガルテンのいう「人間存在の歴史化」がおこっている。それが現代世界をおそっている社会変動の思想的構造なのである。

世俗化

近代世界の精神史的傾向はしばしば世俗化という言葉で言いあらわされている。それは一般的に言って正しい。しかし世俗化がただちに宗教からの離脱であるとするならば、それは浅薄な理解と言わねばならないであろう。もちろんそれがある種の宗教性からの脱却であることは当然であるが。

本書を通じて、近代化とは「非宗教化」と言うことができず、むしろユニークな宗教的形成であるということを明らかにしてきた。近代化をわれわれは中世世界から近代世界への深層構造の変化としてとらえてきた。近代化の問題を考える時、われわれは歴史の〈深層構造〉に眼を向けてきた。人間にも深層構造があるように、歴史にもそれがある。宗教とは、単なる意識の世界でない。単なる上部構造ではない。むしろ深層構造を組成している理念的な力である。だから〈深層構造〉という語は人間や社会の基礎構造の宗教的組成を意味する。中世と近代とでは、人間や社会の基礎構造の宗教的組成がちがう。中世は宇宙存在論的世界観をもった宗教が人間や社会を根底的に組み成していた。その相違を、もう一度、ダンテとミルトンとの対比に見てみよう。

ダンテの『神曲』は、キリスト教化されたアリストテレス的プトレマイオス的世界観を背景としている。世界は、天国と地上と地獄の三層構造を成している。その中に宗教的遍歴がある。しかし近代はちがっている。たしかに宇宙から歴史への変動がある。ミルトンの『楽園喪失』や『楽園回復』は、単に聖書から題材をとったというだけでなく、ダンテの『神曲』と比較すればきわめて対蹠的な世界観をその背景にもっている。宗教的な用語では「救済史《ハイルスゲシヒテ》」とよばれる歴史的な世界観である。ピューリタン運動は、この深層構造の組み変えをもたらすものであった。それは〈宗教的な克服〉である。宗教的なものは決して非宗教的なものによって克服されることはない。そのような意味で、近代化とは宗教的形成として出発せねばならなかった。

それではそれ以後の近代世界の発展において、この原初的な宗教形成の性格は失われていったであろうか。意識の面における宗教性の剥離は必ずしも深層構造における宗教問題の喪失を意味しない。われわれはそこにピューリタニズムのインプリント（刻印）を見ている。

近代化とはたしかに世俗化である。しかしそれは宗教的形成としての世俗化なのである。何よりもまずそのようなものとして近代世界の深層構造が把握されねばならない。近代世界の世俗化が宗教的形成であるということは読者には異様にひびくかも知れない。そのためには、最近よく言われていることであるが、世俗化（セキュラリゼーション）と世俗主義（セキュラリズム）とをいちおう区別しておく必要があろう。後者は聖なるものに対する反抗の立場であり、世俗的なものを逆に肯定し、さらには一種の宗教にまで高めるような主張である。一種の世界観でありイデオロギーである。しかし前者、世俗化とは、アメリカの神学者ハーヴェー・コックスの言葉をかりれば、「社会と文化が宗教的支配や閉鎖的形而上学的世界観から自由にされるという、もうほとんど後に帰ることのできない、ひとつの歴史的過程」を意味している。

　ヴァン・レーヴェンは、「セキュラリゼーション」がラテン語の「サエクルム」から由来するものと見ている。ラテン語には世界をあらわすのに二つの言葉があり、ひとつは「ムンドス」であり、もうひとつがこの「サエクルム」である。ギリシア語でも同様で、「コスモス」と「アイオン」のふたつがあり、「コスモス」はラテン語の「ムンドス」に訳されることが多い。どちらも空間的な世界をあらわす。「アイオン」や「サエクルム」は時間的な世界である。ヘブル語の「オーラム」も元来時間的な世界である。聖書は宇宙《コスモス》を歴史《アイオン》としてとらえる。「ムンドス」を「サエクルム」としてとらえる。

　世俗化（セキュラリゼーション）とは、この原義に即して用いるならば、世界を「ムンドス」から「サエクルム」へと改造する歴史的変動なのである。世俗化とは、あるがままの自然的世界、またはこれまで受けつがれてきた伝統的世界を、聖書的世界観によって改造する動きなのである。

それゆえ、ヴァン・レーヴェンは、世俗化は最初旧約聖書の中に発生したと見ている。ギリシア人にとってもそうであったが、古代人にとっても、世界《コスモス》は「神々にみちて」いる場所であった。ところが聖書の創造の思想は、世界を被造物とする。それは世界の非神化である。いかなる被造物も「神」として礼拝されてはならない。それがモーセの十戒の第一戒と第二戒に宣言された神の命令である。宿命も否認される。国王や民族も神性を剥奪される。聖書的な信仰は、世俗化を生み出す強大な力であったといえよう。

しかしこの聖書の中に始まった世俗化を世界史的な現実にまでするのは、宗教改革以後のことであり、とくにピューリタニズムにおいてである。世俗化を、近代化というもっと世界史的な現実としてとらえる、それがコックスやレーヴェンの見方と本書の見方の相違である。ピューリタン運動はセキュラリゼーションの運動といって過言でない。ピューリタンはそれほど強力な仕方で世界構造の変革を試みたのである。それゆえ世俗化とは近代化現象なのである。

ピューリタンが革命に立ち上がった時、国王神権説からまったく自由な精神をもっていた。もちろんすべての人がこの自由な精神をもって確固と立ったのではないことも事実である。しかしそれなしには決して国王の裁判や処刑に至ることはできなかったであろう。この精神の解放はどこからきたかというと、それはたしかに聖書からであった。聖書において国王は、一方では「主の膏注がれた者」として特殊な存在と認められているが、他方において決して神のごとくに神化されてはいない。預言者のような存在があって、国王もきびしく批判されている。この聖書の思想は、王をして単に絶対的服従の対象ではなく、王の役割について考察し議論すべき対象と化す。英米において政治学的思惟が発達してくるのにはこのような背景が考えられるだろう。ところでわが国においても政治学の発達は天皇制が崩壊した戦後のことであった。共産国では「個人崇拝」の問題としてようやく政治的権威者のセキュラリゼーションが起こりつつある。しかし中国では毛沢東のサクラリゼーション（神聖視）が民衆の精神をとらえている。ピューリタニズムの欠如が、東洋における世俗化を停滞せしめ、また逆流せしめる。しかしそれも長い眼でみれば、過渡的なことであろう。

ピューリタンは宗教それ自体をも世俗化した。ピューリタン運動は最初アングリカンの中に残るカトリック的な諸要素を攻撃した。しかしそれはいわゆる「宗教くさい」一切のものを排除することであった。聖職者たちの服飾や祭服などの否定から、結婚指輪などもカトリック的として否定した。このような「宗教くさい」一切のものを除去する限り、ピューリタン的信仰の要求は非宗教化の要求である。カレンダーも、中世時代には宗教的祭日や種々いわれのある日などにみちていた。それはちょうどわが国のカレンダーにも大安とか仏滅とかの日がはいっているようなものである。しかしピューリタンはカレンダーからもそのような宗教性を排除した。それは六日の労働日と一日の安息日だけになった。一切の迷信の排除である。マックス・ヴェーバーの言葉をかりるならば「魔術からの解放」である。これらの点についてはくわしく述べることはできないので、拙著『ピューリタニズムの倫理思想』第二部第一章を参照していただきたい。

世俗化によって世界それ自体も研究の対象となってくる。レーヴィットが『世界と世界史』（岩波書店、一九五九年）の中でキリスト教と近代自然科学の共通性を、世界の非コスモス化、非神聖化ということにおいてみているのは興味深いことである。世界は自然科学的に認識される体系となり、またその知識を用いた技術によって改造される素材となる。これは精神的性格においてはキリスト教的世俗化と合致する世界観である。近代における科学や技術の進歩の背景に、それに先行しておこった世界のキリスト教的世俗化を見ることは、あながち思想史家の強弁と言いきれないであろう。自然科学や技術は、人間の知的合理性だけから発生するものではない。むしろ世界に対する人間の態度が重要なのである。

日本の近代化

われわれは近代化を単に工業化（インダストリアリゼーション）として考えない。ライシャワーはそのような視点から見ている。しかしわれわれは近代的な高速道路の開通式に神官が儀式を司り、パレードの先頭のオープン・カーに乗っていく光景を考えざるをえない。それはひとつの象徴であって、問題は日本における世俗化の不徹底ということである。そしてそれは単なる科学や技術だけでは決して精神的な世界まで世俗化できないということを示唆している。

もっとわかりやすい問題は、一昨年（一九六六年）の「ひのえうま」である。表面的にはカレンダーにそれは記されていないが、心に記されている。ピューリタン的なカレンダーの世俗化が本当にはまだできていないのである。重大な問題は、人間の出生に関する近代的な知識や技術を、「ひのえうま」を恐れ、その年に子を生まないようにするために用いたということである。約五十万ほどの出生減であったという。科学や技術の進歩は、決してただちに人間を精神的に解放する結果を生み出しはしないという、国民的事実がそこにあらわとなっている。むしろ最高の知識と技術が伝統的な迷信に従うため、つまりその迷信を克服するためではなくてそれに従うために、大いに利用されたのである。単なる知識や技術をもってしては、決してヴェーバーのいう「魔術からの解放」を達成できないのである。

ライシャワー教授の近代化論ではこの辺にひそむ問題と十分に取り組めないのではないだろうか。ここにあらわれている問題は、近代世界の確立のために必要な精神的条件である自由が、十分に強固なものとなっていないということである。この自由の脆弱は、社会が外的に繁栄し平和であるかぎり、それほど問題にならない。自由の脆弱さが外的な条件によって隠蔽されているからである。日本は戦後二十年の間にたしかに驚くべき発展を示した。しかしこのような繁栄がいつまでも継続するとはだれも約束できない。将来日本も今日の英国のような試練に直面するかも知れない。その時にこそ国民の精神的な力が試みられる。しかし自由が脆弱であるということは、その試練の時に、またもや外的な解決を求めていく群集を生み出すかも知れないのである。ライシャワー教授は日本を開発途上国のモデルと見立てた。しかし人間はしばしば短命なるがゆえに希望をもてる場合がある。われわれは日本の繁栄がライシャワー氏の希望を破壊しないほどに、ライシャワー氏よりも生きのびることを願わざるを得ないが、しかし近代化の動きが、あらゆる国家や人間を大きな世界的関連の中に組みいれている今日、日本がこの繁栄をこのままに停止させたり国内だけにとじこめたりはできないのであり、たえず知恵と勇気とをもって世界史の中をたしかな足どりで歩むべくつとめねばならないのである。それができるかどうかが、日本が開発途上国のモデルとなりうるかどうかということであろう。人間の真価が困難においてあらわれるように、国の真価もまた困難において知られる。その資質ありやなしやをわれわれは謙虚に反省せざるをえない。日本を神国と言った時代はすぎ去った。むしろ日本自体をもっと世俗化しなければならない。ということは人間が日本という「いわお」（『君が代』）から自由になって、人間としての主体性を確立することである。そして日本を世界史の目的に向かって正しく導いていくべく努力することである。それは新しい愛国心である。内村鑑三の心に生じたような新しい愛国心である。

世界史の目的は何か。ピューリタンはそれを「キリストの国」と言った。ピューリタンはそこに向かって〈ピルグリム〉となっていった。歴史の途中には完成がないのである。とにかく全人類に及ぶ共同体の形成なしには、近代世界の流動はとまらないであろう。その意味で近代化は無限に進行する。

ウィリアム・クラークはニューイングランドのピューリタン精神を北海道にもってきた。目的のない旅人は放浪者である。近代の人間はアンビシャスな旅人である時にのみ、旅人としての近代的人間の運命に耐えることができるであろう。内村鑑三は「ボーイズ・ビー・アンビシャス」という言葉にちなんだ講演を昭和三年一月北海道大学で行なった。「ボーイズ・ビー・アンビシャス」は、「ピューリタンの意気」をあらわした言葉だと彼は言う。アメリカの詩人エマソンの言葉「汝の車を星につなげ」（"Hitch your wheels to the star.”）もそれと同じ趣旨の詩的表現だと言う。内村は、自分の生涯の車をつないだ星が実は二つあったと言う。ひとつは彼の卒業論文で取り扱った魚類学や漁撈学で、彼はもしこの研究をつづけていたら、あるいは当大学の水産学の講座をもつようになっていたかも知れないと言った。「ところが幸か不幸か私はもう一つの星に私の車をつないで居ったのであって、その星とはキリスト教を純日本人のものとし、これをもって日本を救い、かつ世界における日本国の使命を果たさしめんとするアンビションであった」。

とにかく近代化の動きは新しい世界共同体をめざしている。中世のコルプス・クリスチアーヌムも世界共同体であった。しかしそれは、地中海世界を基盤とした、今日のようなグローバルな世界を包摂した共同体ではない。新しい世界共同体の建設が、近代化の進展によって結びあわされだした全人類の、生死をかけた課題なのである。近代世界の重要な諸問題は、世界共同体の確立なしには十分に解決できないものである。それなしに人類の本当の平和と幸福はない。

今日、東西問題よりももっと解決の困難なものとして、南北問題があらわれてきた。それは、本質的に近代化問題といって過言ではない。現代の人類は今後、南北問題の解決と取り組み、その克服から世界共同体の実現への自信を獲得しなければならない。そこにまで至らなければならない。それは近代化の健全な進展をはかることである。近代化は単なる歴史的必然性ではなく、倫理的必然性、つまり人間の高い理想と強い意志とによって達成さるべき課題なのである。この課題を遂行するためには、天に輝く大きな星に自分の生の車をつなぐアンビシャスな青年が、知恵においても徳においてもすぐれた者となり、世界的な交わりの形成へと力をつくして労することを必要とするであろう。

戦後日本の自由と平和が「インターレグナム」（中間時代）となるかどうか、それは近代化をになう戦後に生きる人間の資質の問題である。

「千夜千冊」第六二〇夜

移住する会議者の宗教

松岡正剛

キリスト教社会には中世このかた「コルプス・クリスチアヌム」というものが覆ってきた。「キリスト教的社会有機体」といった意味だ。各個人に先行し、社会にア・プリオリに存在する全体性めいたものがあるという見方だ。キリスト教社会にいる者はこの有機的全体性を破れない。そういう意味ではキリスト教はまさに全体主義なのだ。エルンスト・トレルチの指摘である。

この「コルプス・クリスチアヌム」はやがて教会と国家の分離によって切断される。それがキリスト教西欧社会における「近代化」である。近代社会はそれまでの神との契約とはべつに、国家や会社との契約を発進させた。これによって個々の人間像がキリストの体や教会の壁にくっついた「浮彫的人間」から、社会の囲いのなかに立ち往生する「立像的人間」へと転換されることになった。

結果的にこの転換は強行されたのではあるが、当然ながらそこには容易に埋めがたい溝や矛盾があった。説教の詩人ジョン・ダンや憂鬱の哲人ロバート・バートンが綴った「メランコリー」とは、まさしくその溝に悩む感覚のことである。その溝を憂うる感覚のことである。そこで、この転換にはそれなりの宗教的な確信が必要になった。その溝を埋めるために、中世から近代に向かう転換期に登場したのがピューリタニズムである。

どうしてだかはわからないが、ピューリタニズムについて、日本人はほとんど理解を示さない。たとえばぼくが語りあってきた知識人で、カトリシズムとプロテスタンティズムとピューリタニズムの決定的な相違や変遷をあらかた正確に理解していた人物はほとんどいない。(プロテスタントはドイツに、ピューリタンはイギリスに発した)。とくに若い知識人や作家や政治家は大半がとんちんかんだった。まだしも海外型のビジネスマンのほうに多少の理解がある。

そのわりにかれらはヨーロッパ社会の近代化をめぐる議論やアメリカの絶対世界主義の議論だけは熱心にする。それもやたらに詳しいところもあるのだが、どうも説得力がない。近代における「コルプス・クリスチアヌム」の挫折と転換と強弁が理解されていないせいだった。

ピューリタニズムについてはキリスト教関係の本をみればいくらでも説明があるのだが、大きな研究書以外には、充実した適確な本が少ない。本書はそういうなかでよく書けていた。餡《あん》はピューリタンの発生と定着の歴史をかいつまんで書いているのだが、外側の皮に近代にひそむ転換意識と移行意識を描いている。その視点が明快である。こういう本はそんなに多くない。
著者は東京神学大学学長をへて、いまは聖学院の理事長についている。そろそろ喜寿になられているはずで、初期の『ピューリタニズムの倫理思想』や『終末論』以来、一貫して近代の亀裂の意味を問うてきて、衰えるものがない。

ピューリタニズムはルターのプロテスタント宗教改革から五十年たったケンブリッジ大学トリニティ・カレッジに発祥した。世はエリザベス女王時代。最初の中心人物はトーマス・カートライトである。

当時、エリザベス女王はカンタベリー大主教パーカーにアングリカニズム（英国国教会）による国民的礼拝様式の統一と強化を依頼していた。アングリカニズムはヘンリー八世のイギリス的宗教改革によって生まれたもので、カトリシズムがユニヴァーサリズム（普遍主義）だとすれば、ナショナリズム（愛国主義）と結合した。いまもロンドンのウェストミンスター・アベイに入ると、そこがいかにイギリスの土着ナショナリズムで満たされているかが一目瞭然である。イギリスが生んだ神武天皇や楠木正成の聖人像や記念碑が埋め尽くされている。

ヘンリー八世がアングリカニズムを主張したのは、ルターやカルヴァンのプロテスタンティズムによってカトリシズムが脅かされたことに対する反発が動機になっているのだが、一方では、このままローマ教皇庁によるカトリシズムを守るだけではイギリスの宗教政治はやっていけないという現実判断にもとづいていた。だからヘンリー八世のアングリカニズムは次の三つの柱でできていた。ナショナリズム、国王絶対主義、そして受動的服従主義である。わかりやすくいえばカトリックとプロテスタントの中間にたとうとした。

これをエリザベス女王が引き継いだ。ところが、カートライトはこの三本柱をことごとく批判した。それはアングリカニズムが体制の思想であるとすれば、まさに反体制の思想であった。

カートライトの反体制思想は、もともとはカルヴァンのプロテスタントな宗教思想から出ている。カルヴィニズムとは一言でいえば「ソラ・スクリプトラ」、すなわち「聖書のみ主義」である。ピューリタニズムは聖書が適用できないような「間隙」をけっして認めない。どんな隙間も聖書に書いてあるとする。逆に、ヘンリー八世のアングリカニズムはこの「間隙」を生かした国教だった。これに対して同じプロテスタンティズムでも、ルターのばあいは「ソラ・フィデ」、すなわち信仰のみ主義である。

しかし、この「ソラ・スクリプトラ」と「ソラ・フィデ」のあいだの差異はまだ思想上のことであって、この差異が目立った亀裂となるのは、社会的にはそこにメアリ女王時代（一五五〇年代）に迫害されてジュネーブやオランダに逃れた「エミグレ」がイギリスに帰ってきた事情が直結してからである。

エミグレはもともと移住者とか亡命者を意味するが、ピューリタニズムの生きた本質があるとすれば、まさにこの「移住すること」にある。その後の歴史上のピューリタニズムが、ついに「移住しつづける者の思想」となったのはそのためである。そのきっかけは、カートライト自身が大学から追放され、エミグレとなったことにある。

ということはピューリタニズムはそもそもが外来的な思想だということなのである。エミグレの移住宗教なのである。もうすこし正確にいえば、人間をエミグレにする宗教思想なのである。

キリスト教の教父思想はもともと宇宙論的な世界存在思想をもっていた。それが教皇と国王があい並ぶにつれ、各地に都市国家ができあがるにつれ、しだいに歴史思想に転化していった。歴史の変化をうけいれるようになったのだ。それが九一三＊4ダンテの『神曲』からミルトンの『失楽園』への変化というものだ。そこにはまだ、樹木のように自然のなかに育っているような人間を想定しているところがあった。

それに対してピューリタニズムはそのような樹木のように植わっている人間を、近代社会に向けて脱出させる。そういう強烈な方針をもっていた。ピューリタン文学の代表作であるバニヤンの『天路歴程』にはそういう人間像が描かれていた。そのためピューリタンたちは「新しいエルサレム」への移住をどこかで希求する。

こんな宗教思想がエリザベス時代の社会体制に受け入れられるはずがない。そこでエリザベス女王はかれらに、表面上だけでも「コンフォーム」（服従）させるようにした。「コンフォーミズム」とよばれる。しかしピューリタンたちがこれで満足できるわけはない。かれらはそこで三つの活動に転進していった。ひとつは地下説教運動へ、ひとつは国外脱出へ、ひとつは革命へ。

第一の地下説教運動の指導者となったのがカートライトである。クラシス運動という。第二の国外脱出《エクソダス》をやってのけたのが有名なピルグリム・ファーザーズ（旅人なる父祖たち）である。最初は一六二〇年にサザンプトンを出港したメイフラワー号で旅立ち、一六三〇年には大挙して新大陸に移って、かれらこそが「新しいエルサレムとしてのアメリカ」をつくることになる。そして第三の道がピューリタン革命（清教徒革命）になる。

ピューリタン革命にいたった経緯は省略したい。一六四二年にオリバー・クロムウェルによって仕切られた革命だ。本書ではそのクロムウェルに先行したジョン・リルバーンという興味深い自由人に宿ったクリスチャン・ソルジャーの感覚や、なぜ「王」（チャールズ一世）を殺すことがピューリタン革命の頂点にならざるをえなかったかということを、端的な調子で描き出している。ここではその頂点を説明する代わりに、この時期にピューリタニズムが派生させた決定的な価値観を、三つにわたってあげておきたいとおもう。

第一には、多様な「コングリゲーショナリズム」が生まれたことである。日本では「会衆派」と訳され、その活動は独立派とか組合教会となって、それが日本では新島襄の同志社系になっているなどと理解されている活動形態だが、ここにはもうすこし重要な意味が隠れている。

かつてのカトリシズムが「回勅の宗教」であるとすると、コングリゲーショナリズムは新たに「会議の宗教」をつくった。いまでも〝the sence of meeting〟とよばれて、アメリカ人やイギリス人と仕事をするとその思想が前面に躍り出る。日本人が欧米の真似をしてミーティングのルールやディベートのルールをおぼえようとしたのは、ほとんどコングリゲーショナリズムにもとづいている。だからやたらにディベートの技法などをマスターするのはいささかお門ちがいなことになる。

第二に、このコングリゲーショナリズム（信者の集まり）の波及から、社会における〝人間向上のプログラム〟の変質が実質的におこっていったことがあげられる。それを簡潔にいえば、さしずめ「コンヴァージョン」（回心）から「エデュケーション」（教育）へという転換だ。これでだいたいのことの見当がつくだろうが、「信仰と会議と教育」はピューリタン精神のなかでは、ひとつながりのものなのであり、このひとつながりの途中にそれぞれ介入してくるのが「意思決定《ディシジョン》」というものなのだ。このことからも、やたらに「意思決定」の経営学などに耽ってはいけない。

第三に、ピューリタン革命がまさにそうだったのであるが、ピューリタンたちがいちはやくコモン・ロイヤーと結び、ピューリタニズムの社会のなかに【契約社会】をつくっていったことである。すでにメイフラワー契約にもそれはあらわれていたが、クロムウェルの革命そのものが契約革命の推進だったのである。このモデルをプロテスタンティズムに拡張し、さらにそれが資本主義の起源になっていると指摘したのがマックス・ウェーバーだった。

ピューリタニズムはたいへん妙な思想であり、運動である。その起源には【王を殺した】宗教運動があり、その後は、つねに【父を喪失した】宗教思想でありつづけている。つねに移住先を求めるし、どこかに定着したらしたで、移住者の再編成を課題にせざるをえなくなっていく。ノマドな思想に似ていて、まったくノマドではない。脱出する地点が必要な旅立ちなのだ。しかも旅先には目的地があって、そこに〝建国〟と〝会議〟が待っている。

これがヨーロッパのキリスト教社会が「近代」を生むにあたってつくりあげた最も合理的な実験装置だったのである。その合理装置からは思いがけないほどの副産物がもたらされた。たとえば、ピューリタニズムこそが「霊的」（スピリチュアル）だという言葉に対して、初めて「内的」（カーナル）という言葉を持ち出したのだったし、「自由」と「デモクラシー」と「信仰」とを矛盾なき状態で実践する前提を拵えた。

ジョン・ミルトンの『失楽園』、ジョン・バニヤンの『天路歴程』を嚆矢としたピューリタン文学にも独得のものがある。教会に行かなかった『緋文字』のナサニエル・ホーソン、鯨の奥に神を見た『白鯨』のハーマン・メルヴィルなど、どこか他を寄せつけない禁欲と衝動の両極を孕んだ到達点を示した。

もうひとつ、われわれ日本人がピューリタニズムを正確に知っておくべき理由がある。それは日本の明治を動かした「ボーイズ・ビー・アンビシャス」のキリスト教とは、まさにピューリタニズムにほかならなかったということである。われわれはピューリタニズムをもうすこし惧れ畏れて、また怖れ懼れて、知るべきではあるまいか。

大木英夫さんは一九二八年、会津の生まれ。神学者であるとともに、文明批評家としての顔ももつ。著作は、本書のほかに『信仰と倫理』（教文館）、『ピューリタリズムの倫理思想』（新教出版社）、『終末論』（紀伊國屋書店）、『「宇魂和才」の説』（聖学院大学出版会）、『時の徴』（教文館）など。翻訳にラインホールド・ニーバー『道徳的人間と非道徳的社会』（白水社）がある。ニーバーは大木さんがアメリカで師事した神学者で、「祈りの言葉」はあまりにも有名だ。こういうものだ。「変えることのできるものについて、それを変えるだけの勇気をわれらに与えたまえ。変えることのできないものについては、それを受けいれるだけの冷静さを与えたまえ。そして、変えることのできるものと、変えることのできないものとを、識別する知恵を与えたまえ」。

二〇〇二年九月十七日

あとがき

（聖学院大学総合研究所特任助教授　ピューリタニズム研究室長）　松谷　好明

本書『ピューリタン』は、はじめ中央公論社の中公新書一六〇として一九六八年四月に出版された。当時、著者は四〇歳、東京神学大学助教授として組織神学を講ずると共に、既にその二年前には『ピューリタニズムの倫理思想』（新教出版社）を公刊して、キリスト教神学の世界においてつとにその名が知られていた。しかし、『ピューリタニズムの倫理思想』は、著者が二十世紀最大のアメリカの神学者ラインホールド・ニーバーの下で書いた卓抜な博士論文（それは今なお欧米の神学者により時折引用される）を日本語で書き直したもので、高度に専門的であったから、それを読んだ牧師、神学者、歴史家、学生にとっては内容を咀嚼し、それを評価することは必ずしも容易ではなかった。

それに比して、『ピューリタン』の与えた衝撃は大きい。それは、中公新書の一冊として出されたという恵まれた条件もさることながら、何よりも本書のもつ内在的力、その預言者的知性から発せられる鮮烈な使信によるものであった。歴史の彼方に忘却されていたピューリタンを、表舞台に引き上げただけではない。近代化の精神構造を分析し、日本と世界の歴史的動向を見定め、更には「預言」（予言ではなく、預言！）するために、ピューリタンに焦点を当て、その歴史と意義を分かりやすく、生き生きと描いたのである。

『ピューリタン』が著されたのは、一九六〇年のいわゆる安保騒動と七〇年の安保改定・自動延長にはさまれた政治的に激動の、思想的に混迷の時代であった。本書出版の翌年には全国において学園紛争が頂点に達し、著者が教えていた東京神学大学も全学封鎖、機動隊導入による閉鎖解除へと向かう。著者がピューリタニズムの歴史に深く踏み込み、その運動の思想史的意味を解明しようとしたのは、このような日本の歴史的現実から逃れるためではなく、ちょうどその反対に、その歴史的現実に切り込み、展望を切り開こうとする「大志」からであった。それを最も雄弁に物語るものは、著者自身による本書執筆の状況である。「小著［本書］は、さきの『ピューリタニズムの倫理思想』とは性質の違った、一般向きの書で、御専門の各方面から攻められるには、あまりに無防備なものであります。まことに蒼惶の間の執筆でして、実は今年［一九六八年］の一月、八王子の大学セミナー・ハウスにとじこもり、実質二週間で書き下ろした、パウロの言葉をかりれば『月足らずに生まれたような』未熟児であります」（『イギリス史研究』イギリス史研究刊行会、第四号、一九六九年一月）。かくして、激動する時代のただ中で、日本と世界を見据えつつ、透徹した知性がピューリタニズムの歴史的位相と意義を熱情を込めて唱えたものが本書と言えよう。

『ピューリタン』の衝撃は日本の広範な知的世界におよび、発刊四年後の一九七二年には同じ中公新書から再版が出され、刷数を重ねた。中公新書の歴史・思想分野では堀米庸三著『正統と異端』とともによく読まれた「名著」である（本書の当時の担当者のことば）、と評されたのも故なしとしない。初版出版以来おおよそ四〇年、『ピューリタン』を再読すると、本書の使信は過去のものとなるどころか、むしろその訴えはいっそう大きく響く。この間、我が国のイギリス史、政治史、革命史、思想史研究が停滞していたということではない。そうではなく、むしろそれらの分野における研究の長足の進歩にもかかわらず、またそれら各方面から時折向けられる『ピューリタン』と著者への批判、疑問にもかかわらず、時流に流されない著者の確固たる使信が、二十一世紀に入った日本において一段と地歩を得つつあると言うべきであろう。

著者は『ピューリタン』に続き、今日まで、『歴史神学と社会倫理』（一九七九）、『バルト』（一九八四）、『新しい共同体の倫理学』（一九九四）、『組織神学序説』（二〇〇〇三）などの専門的な神学書と、『終末論的考察』（一九七〇）、『現代人のユダヤ人化』（一九七六）、『偶然性と宗教』（一九八一）、『「宇魂和才」の説』（一九九九）などの神学的エッセイ集を数多く公刊しているが、『ピューリタン』は、先立つ『ピューリタニズムの倫理思想』（一九六六）のみならず、これら全著作への手引きとしても極めて有用である。

昨年二〇〇五年六月、日本ピューリタニズム学会が創立され、著者がその初代理事長に選出された。学会誕生において象徴されるごとく、ピューリタニズムは、忘却して当然の歴史的遺物や死せる思想ではなく、依然として、人間と社会、日本と世界の問題を考えるのに無視しえない課題の一つとして留まっていると言わねばならない。その意味で、日本語で著されたピューリタニズム入門書として最も優れ、コンパクトながらピューリタニズムの思想史的な今日的意味をグローバルに深層において捉えた『ピューリタン』が改訂新版として再刊されることの意義は、決して小さくない。この再版によって本書が、今、この時代に、更に多くの人々に読まれることを期待してやまない。

改訂新版の公刊に当たり筆者は、著者の要請を受け、著者が一気呵成に書き上げたため引用文献の典拠や注がなかった旧版にそれらを簡潔に付すると共に、用語、人名の表記の変更と全体的統一を図った。これによって、本書が若い世代の人々により近づきやすいものとなればとの願いからである。我が国におけるピューリタニズム研究は、本書の出版により新たなはずみがつけられることとなろう。

(二〇〇六年五月二日・記)

大木英夫（おおき・ひでお）

会津に生まれる。戦争中は東京陸軍幼年学校（第47期），敗戦後賀川豊彦の導きで回心，キリスト者となる。東京神学大学大学院を卒業，国際基督教大学でブルンナーの助手，その後アメリカに留学ニューヨークのユニオン神学大学院でラインホールド・ニーバーの指導のもとで博士論文 Ethics in 17th Century English Puritanism（1960），帰国後東京神学大学で教え，教授・学長をつとめ，バーゼルに行き，講談社『人類の知的遺産』シリーズの一冊『バルト』を書く。その後学校法人聖学院理事長，現在は聖学院大学大学院教授・大学院長，聖学院大学総合研究所長。日本ピューリタニズム学会会長。

著書『ブルンナー　人と思想』（日本基督教団出版部，1962年），『ピューリタニズムの倫理思想』（新教出版社，1966年），『ピューリタン——近代化の精神構造』（中央公論社，1968年），『終末論的考察』（中央公論社，1970年），『終末論』（紀伊國屋書店，1972年），『現代人のユダヤ人化——現代文明論集』（白水社，1976年），『キリスト入門』（ヨルダン社，1976年），『歴史神学と社会倫理』（ヨルダン社，1979年），『偶然性と宗教』（ヨルダン社，1981年），『バルト』（講談社，1984年），『日本の神学』（共著，ヨルダン社，1989年），『主の祈り』（聖学院大学出版会，1990年），『新しい共同体の倫理学　基礎論』（上・下，教文館，1994年），『日本は変わるか——戦後日本の終末論的考察』（共著，教文館，1996年），『ローマ人への手紙——現代へのメッセージ』（教文館，1998年），『宇魂和才の説——21世紀の教育理念』（聖学院大学出版会，1999年），『時の徴——第三ミレニアムとグローバリゼーション』（教文館，2000年），『組織神学序説——プロレゴーメナとしての聖書論』（教文館，2003年）その他。

ピューリタン―近代化の精神構造

2006年9月20日　初版第1刷発行

著　者　大　木　英　夫

発行者　大　木　英　夫

発行所　聖学院大学出版会
〒362-8585　埼玉県上尾市戸崎1-1
電話 048-725-9801・FAX048-725-0324

ISBN4-915832-66-X C0022
印刷　クイックス

オリヴァー・クロムウェル
神の道具として生きる

澁谷　浩　著

ピューリタン信仰に裏付けられた議会での発言や画期的な軍政改革、めまぐるしく変化する政治情勢の中での行動と思考を追う書き下ろし評伝。クロムウェルとその激動の時代を理解する格好の書。

ヴェリタス叢書②　四六判並製二〇三九円

クロムウェルとイギリス革命

田村秀夫　編著

ピューリタン革命の立役者、オリヴァ・クロムウェルを、本書では、序章「クロムウェル研究史」（田村秀夫）、第1部「クロムウェルの宗教」、第2部「クロムウェルと政治」、第3部「クロムウェルと国際関係」という多角的な視点から論ずる。

A5判上製五八八〇円

デモクラシーにおける討論の生誕
ピューリタン革命における「パトニー討論」

大澤　麦
澁谷　浩　編訳

本書は、ウドハウスの編集によるテキスト「パトニー討論」の翻訳に訳者注記と解説を付し、この討論の政治思想史における意義を解明する。

A5判上製六〇九〇円

イングランド国民のための第一・第二弁護論

ジョン・ミルトン　著
新井明・野呂有子　訳

イングランド革命期に国王チャールズ一世を処刑したイングランド国民に対して、フランスの学者、サルマシウスなど国王派は「王権神授説」を掲げ、非難した。ジョン・ミルトンは「国王といえど、暴君であれば国民に服従の義務がない」ことを主張し、弁護した。

A5判上製六九三〇円

イギリス革命とアルミニウス主義

山田園子　著

イギリス革命期の急進的聖職者ジョン・グッドウインの「しょく罪されたしょく罪」（一六五一年）を中心に、アルミニウス主義とイギリス革命の思想的な関連を詳説する。

A5判上製六〇九〇円